原島博講義録シリーズ

俯瞰する知

巻1

情報の時代を見わたす

原島 博【著】

遺伝情報
活版印刷術
蒸気機関
電波の発見
モールス符号
電信
科学の情報化
$E=MC^2$
第五世代コンピュータ
インターネット
IoT
1*69年
二十世紀の予言
技術の旬
ムーアの法則
情報新大陸
AI
スーパーヒューマン
点人類
環境の知能化
地球の時代
第三の産業革命
地球環境問題
プロシューマー
SNS
匿顔
知的符号化
シャノンの情報理論
etc.…

工作舎

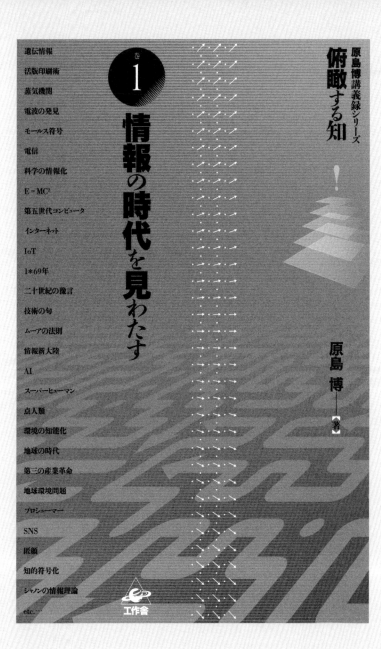

●——この講義録には、第1講から第6講までと補講がありますが、それぞれが1回分の講義録になっています。ここではそれなりの流れで並べていますが、塾では必ずしも順番どおり話していません。したがって、それぞれの講義の内容は、それだけで独立しています。最初から順にお読みいただいても、関心あるところだけ拾い読みしていただいても結構です。

俯瞰する知の旅へようこそ

東日本大震災のちょうど3か月後の2011年6月11日、思うところがあってささやかな私塾を始めました。学習塾ではありません。そのときに関心があることを90分お話しする個人講演会です。毎月開いていましたから、あっという間に150回を超えました。テーマは自分の専門とは関係なく、宇宙の話から生老病死の人生まで、さまざまな分野を俯瞰する形になりました。

それはまさに知の旅でした。「俯瞰する知」と題したこの全十巻の講義録は、その旅行記です。それぞれの土地（分野）には住民（専門家）がおられますが、あくまで一人の旅行者（非専門家）としての視点を大切にしました。その気の赴くままの旅を、ぜひ多くの方と共にしたいと思いました。旅は道連れ、一緒に知の観光ができればこの上ない喜びです。

「俯瞰する知」原島博講義録シリーズ【全10巻】

巻I　情報の時代を見わたす　目次

はじめに

「俯瞰する知」の最初の巻のテーマは情報です。原島はコミュニケーションを支える情報技術の研究者でした。最先端の研究をしていましたが、あるときから気になるようになりました。いま自分のしていることが、情報技術の発展の歴史で、どのような意味を持つのだろうかと。

大学では工学部に属していましたが、そこでは歴史はほとんど教えていません。歴史を知らなければ未来はデザインできないのではないか。そう思って定年まぢかになってから学部生と大学院生を相手に、技術ではなく少しだけ歴史を意識した講義をするようになりました。21世紀が始まってすぐのことです。

東日本大震災の直後に始めた原島塾では、最初は何も話すことがなかったので、まずはこの講義ノートを元にしました。それがしだいに発展していきました。情報の時代を人類の長い歴史に位置づけたいと思うようになったのです。まさに俯瞰でした。俯瞰はその後の原島塾のキーワードになりました。

本書はその塾の講義録です。「情報の時代を見わたす」とのタイトルがついていますが、専門の技術の話はほとんどありません。一人の人間として思ったことがその内容になっています。これはこのシリーズのすべての巻に共通していますが、そこに記されているのは原島個人の視点での俯瞰です。それをどう解釈するかは皆さんにおまかせします。

本書の構成は次のとおりです。第1講では、まず全体を俯瞰することが大切であるとの立場から、情報技術の発展の通史を講義しました。第2講から第4講は少し特殊な構成になっています。まずは第2講でコンピュータを中心に歴史を解説して、第3講ではそれを産業革命以降の近代の歴史に位置づけました。そして第4講は無謀にもその歴史を人類の文明の変遷と関連付けたくなりました。第5講は翻って現在です。自分に対する最強の批判者は自分でありたいとの想いから、情報社会の問題点を論じました。そしてそれを第6講で未来につなげました。あわせて情報とコミュニケーションについての私論を補講としてつけ加えておきました。

なお本書は講義録ですが、録音からの文字起こしは一切しませんでした。読者の一人ひとりの顔を思い浮かべながら、もう一度講演するつもりで新規に書き下ろしました。したがって講演口調になっています。それぞれの回で独立した講演なので冗長な部分や繰り返しになっているところもありますが、お許しいただければ幸いです。

第1講

情報の時代はいかにして到来したのか

まずは情報の時代がいかにして到来したのかをお話します。なぜいまの時代に情報メディア技術がこれほど急速に発展したのでしょうか。それは歴史的にどのような意味があったのでしょうか。

1――まずは情報の時代の前史を大急ぎで

私たちの祖先は、さまざまな情報のしくみを獲得することによって進化してきました。ここで質問です。祖先が獲得した初めての情報のしくみは何だったのでしょうか。もしかして、遠くに情報を伝える「のろし」、それが最初だと思っていませんか。

情報は生物の誕生とともに遺伝子にあった

じつはもっと遥か昔から情報のしくみがありました。何とそれは生物が誕生したときからあったのです。生物の誕生はいまから38億年前ですから、その直後から情報があったのです。生物の重要な性質の一つとして自己複製があります。複製することによって子孫を残します。その複製のしくみとして「遺伝情報」があります。たとえば身体的な特徴が親から子へ遺伝するのは、DNAやRNAに記されている遺伝情報が親から子へ伝えられているからです。これはまさに情報です。この情報がなければ生物は生き残れませんでした。

そして驚くべきことには、この遺伝情報はデジタルなのです。それは4種類の塩基を記号として、その組合せを系列として符号化されています。デジタルは、どちらかと言えば最近になって注目されるようになったしくみです。テレビも電話も昔はアナログでした。情報の世界ではアナログが古く、デジタルは新しいと思っている方がほとんどだと思います。ところがデジタルは生物が誕生した直後からすでにあったのです。そして、デジタルであるということが重要でした。もし遺伝情報がアナログであったら、いまの私たちは存在しません。

●DNA遺伝情報はデジタルだった

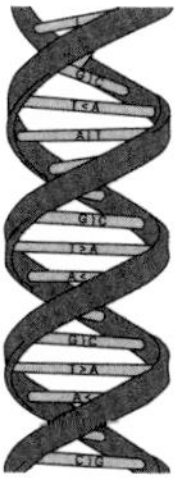

情報がアナログだったら、それはコピー（複製）するたびに、品質が劣化します。かつてのビデオテープがそうでした。コピー（ダビング）をくり返すと、そのたびに映像が劣化してしまいました。遺伝情報も同じです。もしアナログだったら、情報を伝えるたびに劣化しますから、子孫はどんどん劣化していきます。とても生き残ることができません。

これに対してデジタルは、まったく同じ情報を劣化なしにコピーできます。このことが遺伝情報として重要でした。もちろん、デジタルでもまれにコピーミスがあります。これも重要でした。コピーミスがあるから、ときどき突然変異が起きました。それによって生物は進化してきました。

生物として生きるためには感覚情報が必要であった

生物はこのような遺伝情報を子孫に伝えているわけですが、個体としても、それぞれが自ら生き延びなければなりません。そのための情報のしくみを獲得しました。外界（環境）の状況を把握するための「感覚情報」です。外界に何か起きたときにすぐその情報をキャッチして反応しなければ生きていけません。また生物はエネルギーを外界から摂取しなければなりません。そのエネルギー（餌）のありかを知るためにも感覚情報は必須です。

このような感覚情報を外界から獲得するしくみとして、眼、鼻、耳などの感覚器が発達しました。そして、そこから得られた情報を処理するために脳が少しずつ大きくなりました。感覚器を前面に配置して、その背後に脳が発達しました。こうしてできあがったのが顔です。顔にはさまざまな器官がありますが、発生学的にはまずはエネルギーを摂取する口ができました。その後に口のまわりにさまざまな情報を得る目や耳などができたとされています。

コミュニケーション情報として
ヒトになって言語を獲得した

生物とくに動物が生き残るために、もう一つ重要な情報があります。動物の仲間同士が共に生きるために互いに情報をやりとりするしくみです。その情報が「コミュニケーション情報」です。特にヒトは、このコミュニケーション情報をやりとりするしくみを、高度に発達させました。

　このしくみは、いまの言い方では「メディア」と呼ぶことができるでしょう。ヒトが獲得してきたメディアとして、まず挙げなければいけないのは「言語」です。人類の素晴らしい発明でした。それがいつ発明されたかはわかっていません。何しろ最初は、言語は音声によって発せられるだけですから、記録に残っていません。しかし少なくとも私たちの直接の先祖であるホモ・サピエンス（ヨーロッ

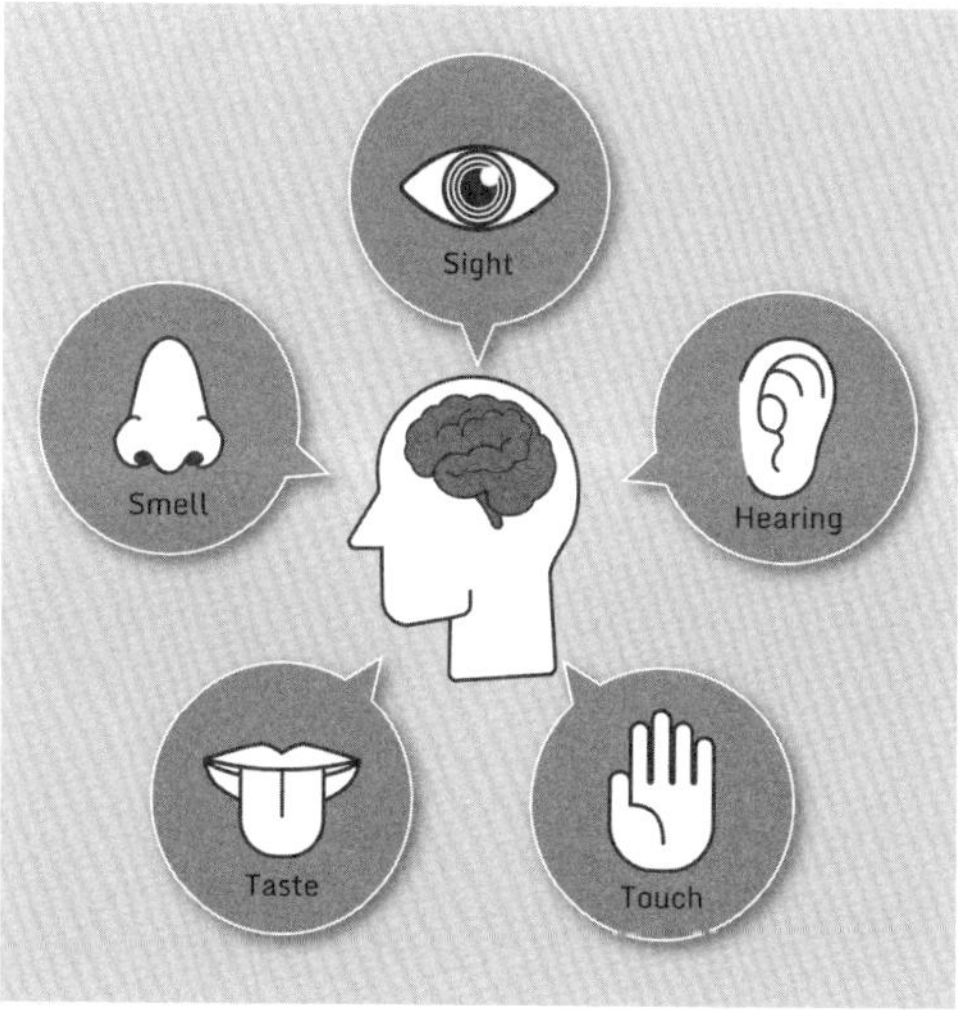

●生きるために感覚情報が必要 ©Jolygon

パではクロマニョン人）は、その前のネアンデルタール人に比べて、それなりにしっかりした文法のある言語を駆使していたと言われています。

じつはこのことは人類の進化史において画期的なことでした。言語を使うことにより互いのコミュニケーションが豊かになっただけでなく、それによって集団の規模を大きくすることができました。さらにはある世代が獲得した生活様式の工夫を、言語を通じて次の世代に伝えることができるようになったのです、いわば文化の伝承が可能になりました。

情報を記録に残すための文字と紙 そして活版印刷術の発明

しかし、音声による口伝えによる文化の伝承は限界がありました。その場かぎりで記録に残らないからです。きちんと記録に残すためには「文字」の登場が必要でした。文字の起源をきちんと追うことは難しいのですが、有名なのは紀元前3400年頃のメソポタミアで誕生した楔《くさび》形文字です。粘土の板にくぼみをつけることによって文字が記されています。ちょうど楔のような形のくぼみになっているのでこの名があります。中国では、紀元前1500年頃の殷の時代に、亀の甲羅などに記された甲骨文字がありました。

次に重要な発明は「紙」でした。文字を記す媒体としては粘土板、パピルス、羊皮、木簡・竹簡などがありましたが、記録媒体としては紙が画期的でした。紙は紀元前150年頃に中国の前漢の時代に発明されたと言われています。日本への伝来は7世紀でしたが、ヨーロッパへは比較的遅く、12世紀以降とされています。

こうして古代における文字と紙の発明は、人類が獲得した知を歴史に残すことを可能にしました。この知を広く大衆に広めることに貢献したのが、年代的にはずっと後になりますが、中世の終わりのルネサンス期に登場した「活版印刷術」です。1447年頃に発明されたグーテンベルクの印刷機が有名です。活字そのものは12世紀頃に中国で生まれていたようですが、中国は文字の種類が多いため普及しませんでした。グーテンベルクの活版印刷機で最初に印刷したのはドイツ語の詩とされていますが、ドイツ語のアルファベットは30文字程度ですから、活版にはちょうどよかったのかもしれません。この活版印刷術の発明は、情報の広い流通を可能にして、近代という時代の枠組みを作りました。

●楔形文字からグーテンベルクへ

紀元前3400年頃から使われたとされる楔形文字と初期のグーテンベルク印刷機

遠方とコミュニケーションすることも人類の夢だった

近代になって、特に19世紀になって新たに電気的な手段によるメディアが登場しました。まずは電信、そして電話です。これは情報メディアの歴史にあって、15世紀のグーテンベルクの活版印刷機の登場に匹敵するほどの画期的なことでした。この新たなメディアは、通信技術として発達しました。遠隔地に瞬時に情報を伝えるという通信技術は人類の夢でした。

調べてみると、電気的な手段を用いた通信が登場する以前にも、いろいろな面白い通信があります。たとえば、江戸時代に「旗振り通信」というものがありました。旗を振って遠くの人に知らせるのです。実際にあった例では、米の相場を旗の振り方で伝えたようです。それを遠くで眺めて、同じようにそこで旗を振ります。それをまた遠くで見ます。そうしてつぎつぎと中継することによって、大阪‐和歌山間をわずか3分で米相場の情報を伝えていたと言われています。

フランスでは1793年に発明された「腕木通信」がありました。腕のような形をした装置を用意して、この形を操作していろいろ変えます。それを遠くから望遠鏡で眺めて中継

●旗振り通信と腕木通信

江戸時代の旗振り通信

ルーヴル宮殿に設置されていたパリの腕木通信機

します。フランス全土にこのようなしくみによるネットワークが作られて、だいたい東京―新大阪間に相当するパリ―ブレスト間を8分で情報伝達したと言われています。

2――電気的な手段を用いた情報メディアの発展

19世紀に入ると、いよいよ電気的な手段を用いた通信技術が華々しく登場します。すでに述べたように、これは文字や紙の発明、グーテンベルクの活版印刷術の発明に匹敵するほどの歴史に残るできごとでした。

すべての始まりはボルタの電池だった

そのきっかけとなったのがアレッサンドロ・ボルタ（1745―1827）による電池の発明でした。それは電気の応用の道を拓きました。いま私たちは電気をあたりまえのように使っています。電池が発明される前も電気という現象は知られていましたが、摩擦電気を中心とする静電気でした。たとえば下敷きで髪の毛をこすると逆立つ。乾燥しているときにドアの金

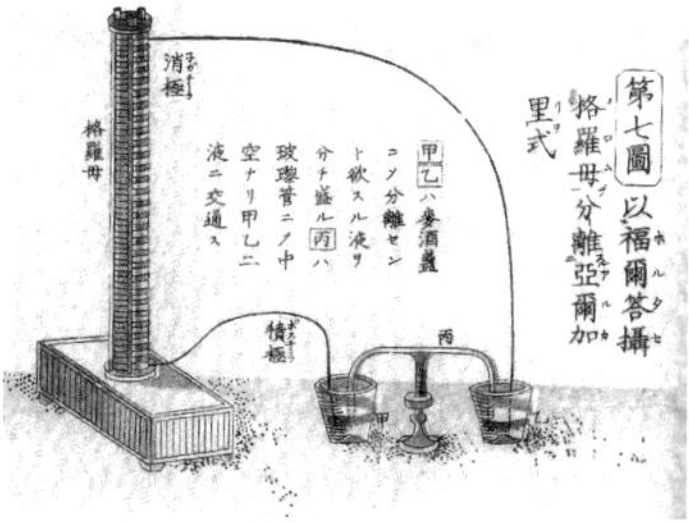

●ボルタの電池
江戸の蘭学者、宇田川榕菴による科学書『舎密開宗』より、ボルタ電池の解説図

属の把手に触るとバチッとくる、それが静電気です。摩擦電気はライデン瓶というものに貯めることができて、それを放電させると一瞬にして消えてしまいます。雷も同じ原理だということをベンジャミン・フランクリン（1706−1790）が凧を揚げて見つけています。

静電気は一回放電したらおしまいです。連続して流すことはできません。安定して流れる電流という概念がそれまでありませんでした。電池が発明されることによって、電流という概念ができたのです。1800年の発明でした。これは1799年あるいは1801年とも言われていますが、ここではわかりやすくするため1800年としています。その発明者はボルタで、ボルタの電池と言われています。

原理を簡単に説明します。亜鉛と食塩水が染み込んだ紙と銅を重ねて並べておくと、その間に電位差が生じます。これに適当な負荷をつければ電流が流れます。バチッといっておしまいではない安定な電流です。

こうして電池が発明されて、安定な電流を連続して流せるようになると、さまざまな発見と発明がなされました。まずは、電流を流している電線のそばに磁針を置くと、その磁針が振れることが実験的にわかりました。電流が流れるとそれが力（磁力）に変換されることの発見です。1820年のエルステッド（1777−1851）の実験として知られています。

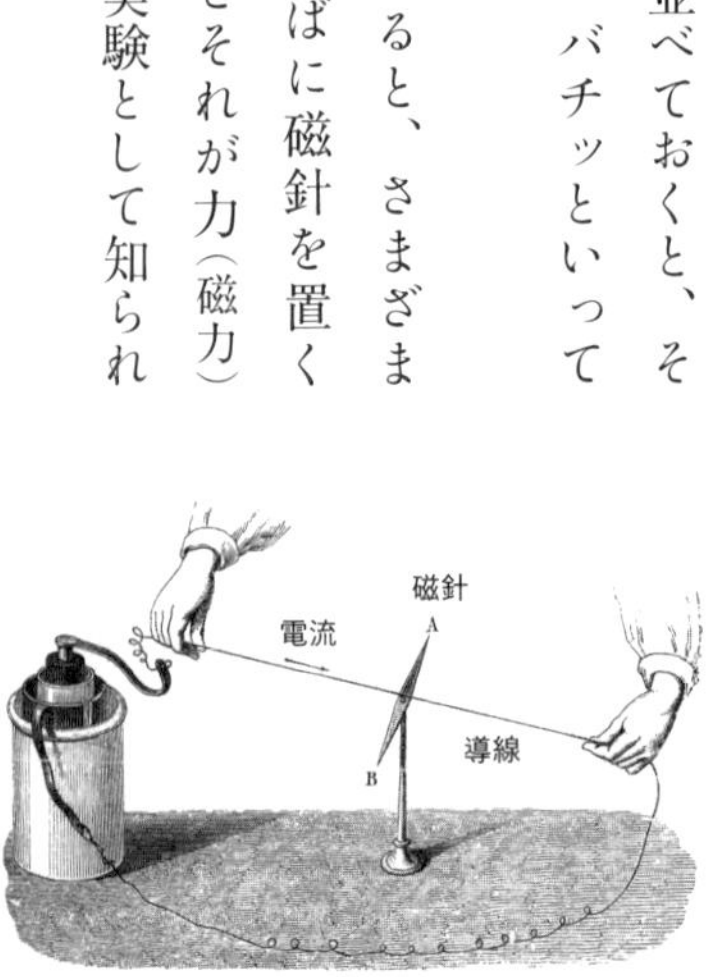

●エルステッドの実験

これがわかると、この力はどうすればもっと強くできるのか。電線をコイル状に巻くとよい、そのコイルの中心に鉄心をおくとさらに力は強くなりそうだ……さまざまな実験がなされました。そして1825年にウイリアム・スタージャン（1783−1850）によって電磁石が発明されました。

すると研究者は、すぐ応用を考えます。こちらに電池とスイッチを置き、ずっと線を長く引いてその先に電磁石を置くとどうなるか。こちらでスイッチを入れたり切ったりすると、向こうで電磁石が働いてカチカチ音がします。これで通信ができるのではないかということになりました。

モールスによる電信
ベルによる電話

この原理にもとづく通信技術は電磁式電信機と呼ばれていますが、1930年代には数多くの研究者によって基礎研究がおこなわれています。ヘンリー、シリング、ガウス、ウエーバー、ホイートストーン……、大学の電気系の学科の学生ならば一度は聞いたことがある名前が並んでいます。

●モールスの電信機

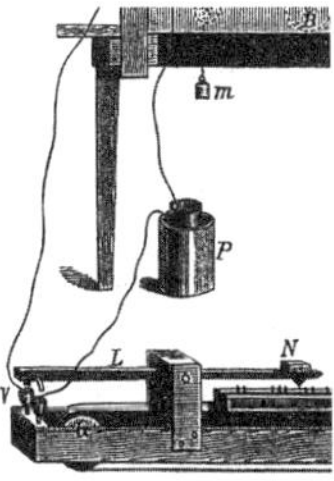

モールス（1866）

ところがいま電信は、サミュエル・モールス（1791−1872）によって1837年に発明されたとされています。電磁式電信機の原理は知られていたのですが、モールスの電信機は実用的でした。通信として使うためには、スイッチを入れたり切ったりしたときのトン・ツーがどのような意味を持つかという約束事も一緒に決めておかなければなりません。モールスはその体系もあわせてつくりました。モールス符号と呼ばれているものです。トン・ツーだけでよいので、送信機（発信機）や受信機も簡単な構成になりました。

当時の研究者は、発明するとすぐ会社をつくってビジネスにしました。そして大儲けをしました。モールスもそうでした。1844年にはワシントン−ボルチモア間で実用化され、1851年にはドーバー海峡に海底ケーブル、1858年には大西洋横断海底ケーブルが敷かれています。

そして19世紀後半になると、電話が発明されました。トン・ツーだけでなく、話している音声も送れるようになりました。これについても有名な話があります。電話の特許は1876年2月14日にワシントンの特許局に出願されていますが、じつはこの日に2件の出願があったのです。ひとりはアレクサンダー・グラハム・ベル（1847−1922）、もうひとりはイライシャ・グレイ（1835−1901）でした。どちらの特許を有効にするかが裁判で争われましたが、ほんの数時間ですがベルの方が出願が早かったということで、いまでは電話の発

●ベルによる最初の電話機

晩年のグラハム・ベル

明者はベルとされています。ベルもまた電話を実用化するための会社をつくりました。いまのアメリカの通信会社AT&Tの前身です。

発明王エジソンによって電力が事業化された

ここまでは通信を中心にその発展を説明してきましたが、電話が発明された1870年代は電気の家庭への普及が始まった時期でもありました。その立役者は、有名なトーマス・エジソン（1847–1931）です。発明家として知られていますが、じつはエジソンの本当の功績は、電気の事業化だと僕は思っています。発電からそれを家庭で使うところまでを全部やったのです。要するにエジソンは電力事業を立ち上げたのです。電球やアイロンの発明、さらには蓄音機の発明などが知られていますが、それらは電気を利用するための発明です。一方でエジソンダイナモという発電機もつくっています。エジソン電灯会社は1878年にできています。これによって家庭で電気を利用することが可能になりました。

このように電気はまずは19世紀前半に電信として応用され、19世紀後半にエネルギーとしての応用、すなわち電力応用が始まりました。家庭のレベルでは電灯が先に普及して電話機はずっと後なので、電気の応用も電力が先のように思われていますが、じつはここで説明したように電信が先だったのです。大学にいるとき、ある授業で、電信と電灯はどちらが先か、という質問を学生にしたことがあります。電灯が先だと答えた学生が多かったのですが逆です。

こうして道路脇にある電柱はまずは電信を目的として整備されました。それを電力の配電のために利用するようになったのはその後のことです。電柱を電力柱と呼ばずに電信柱と呼ぶのは、そのような歴史的な経緯があるからです。ちなみに僕が属していた東京大学の電気工学科の前身は、1873年に工部省工学寮電信科として発足しています。その頃はまだ電気は電信の時代だったのです。

電波の予言と発見　そして無線通信の登場

19世紀前半に電信が誕生して、後半に電話が登場しました。これらはすべて電線を通じた有線通信です。これが無線でできると素晴らしいのですが、まだこの頃はそのやり方が分かっていませんでした。線がつながっていなければ、電流は伝わらないと考えられてい

●マクスウェルの電磁方程式
この数式を解くことによって電磁波を予言

$$\begin{cases} \nabla \cdot \boldsymbol{B}(t,\boldsymbol{x}) = 0 \\ \nabla \times \boldsymbol{E}(t,\boldsymbol{x}) = -\dfrac{\partial \boldsymbol{B}(t,\boldsymbol{x})}{\partial t} \\ \nabla \cdot \boldsymbol{D}(t,\boldsymbol{x}) = \rho(t,\boldsymbol{x}) \\ \nabla \times \boldsymbol{H}(t,\boldsymbol{x}) = \boldsymbol{j}(t,\boldsymbol{x}) + \dfrac{\partial \boldsymbol{D}(t,\boldsymbol{x})}{\partial t} \end{cases}$$

たのです。

　そのようなときに電波の発見がありました。じつは電波なるものは、宇宙が誕生してすぐから存在しています。宇宙誕生からわずか38万年後に発生した電磁波が宇宙背景放射として観測されています。しかし、19世紀の人たちはそのことはもちろん、そもそも電波なるものがあることを知りませんでした。

　電波（電磁波）は、まず実験で発見されたのではなくて、理論的にその存在が予言されました。予言したのは、電磁気学で名を知られたジェームズ・マクスウェル（1831−1879）でした。マクスウェルの電磁方程式が有名です。大学の教養レベルの電磁気学の教科書には必ずでてきます。この方程式の素晴らしさは、ファラデーの法則やアンペアの法則など、高校の物理学で習う電磁気の法則をすべて、たった四つの方程式で記述できることを示したことです。それだけではありません。その方程式を解くことによって、まだ誰も知らなかった電波なるものがあるはずだと予言したのです。しかもそれは光と同じ性質を持つことも予言されました。

　その予言された電波を、その20数年後の1887年にハインリヒ・ヘルツ（1857−1894）が実験して発見しました。インダクション（誘導）コイルを用いて、バチバチと放電させると、線がつながっていないのにそばにおいた共振子で同じように放電をするのです。これが電

●ヘルツの実験「電波の発見」

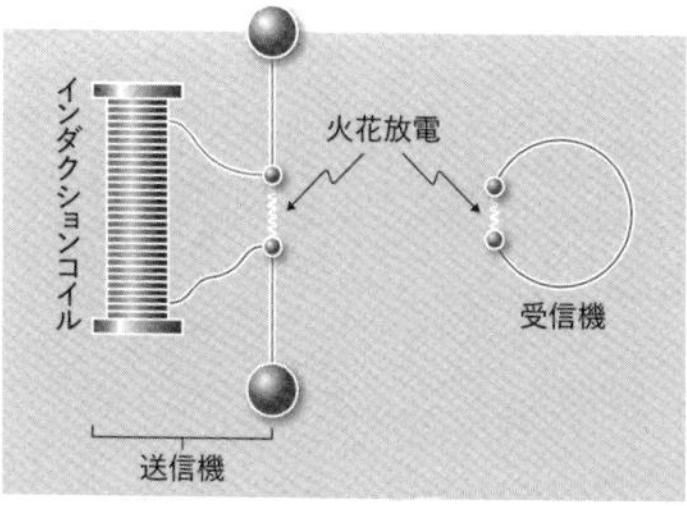

波です。ヘルツはどのような条件で電波がよく伝わるのかも詳しく調べました。

そして電波が見つかってから8年後の1895年、グリエルモ・マルコーニ（1874－1937）が無線通信の公開実験を成功させました。マルコーニも自分の会社を設立して実用化に尽力しました。1901年には大西洋横断無線通信を実現しています。この無線通信によって、海洋を運行する船舶との通信も可能になりました。

アマチュアが面白がってラジオ放送が始まった

こうして無線通信ができると、興味深いことが起きます。アマチュア愛好家が無線通信を面白がって、自ら送受信機を組み立てて、互いに交信を始めたのです。1906年頃に鉱石検波器が安くできるようになり、東京の秋葉原にあるような店がニューヨークにもできました。少し詳しくなりますが、法律的にも1912年にアマチュアに周波数割当てがなされました。1913年に322局だったのが、4年後に1万3581局になったというデータがあります。あっという間に広がりました。無免許で使い始める人たちもいて、いろいろな面白い実験がなされました。単なる通信ではなくて、広く音楽を流すことも行われました。いわば放送局です。このアマチュアの試みをウェスティングハウス社が後押しして、本格的に商用ビジネス放送をしたのが1920年です。これが初めての本格的なラジオ放送でした。映像を送るテレビ放送もドイツで1935年に始まりました。

この放送技術は、家庭におけるラジオやテレビだけでなく、音楽や映像を記録したり楽しんだりする音響・映像機器の普及を促しました。関連する技術革新もすさまじいスピードで成し遂げられました。そしていま、現代に生きる私たちは、あたりまえのように海外と交信し、テレビやインターネットを通じて、地球の裏側で起きていることをリアルタイムで体験しています。まさに、20世紀は電波の世紀となりました。もし19世紀に電波が発見されなかったら、まったく違った世紀になったことでしょう。

無線通信によって真空管などのエレクトロニクス技術が進歩した

さらに、無線通信や放送が発展すると、それを実現するために画期的な技術の進歩がありました。いまの言葉で表すならエレクトロニクス技術です。

すでに述べたように鉱石検波器でラジオ放送を受信することができます。僕も小学生の

●ド・フォレストのオーディオン管（1906）

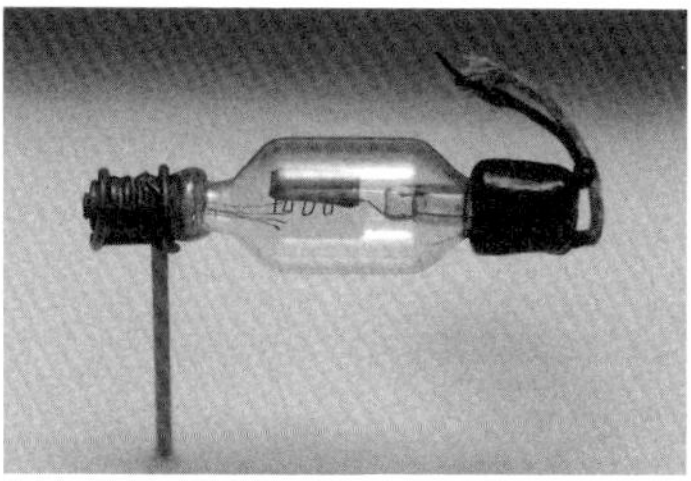

頃、鉱石ラジオを自作した思い出があります。でも鉱石検波器では限界があります。電波がかなり強くないと受信できません。

そこに真空管が発明されました。具体的には、1904年にフレミングが二極真空管を、1907年にド・フォレストが三極真空管を発明しています。特に三極真空管は弱い信号の増幅を可能にしました。真空管技術は、放送も含めた無線通信とともに進歩しました。いまでも秋葉原でアマチュアやオーディオのマニア相手に真空管が売られています。

そして戦後になってコンピュータが誕生した

この真空管技術は重要でした。次の情報の時代を切り拓くきっかけとなったからです。戦後の1946年に誕生した最初の本格的なコンピュータENIACは、1万7468本の真空管で動いています。

ちなみに僕（原島）は1945年生まれです。コンピュータと同世代です。コンピュータとともに育ちました。それから4分の3世紀が過ぎていますが、成長という意味ではかなりの差をつけられたというのが実感です。

実際にその後のコンピュータの進化はめまぐるしいものがありました。その進化の歴史は次の第2講で詳しくお話ししますが、コンピュータは大学で科学技術計算のために利用されるだけでなく、1960年代には企業につぎつぎと導入されました。それをリードしたのが、IBM社を中心に開発された大型コンピュータでした。日本のコンピュータメーカーでは、巨人であるIBMに追いつき追い越せが合言葉でした。

これとは別に、1960年代後半から、コンピュータを小型化しようとする動きが活発になりました。工場のオートメーションの中核となるミニコンピュータが登場しました。また、エレクトロニクス

●コンピュータの誕生
ENIACのファンクションテーブルを操作（1946）

の進歩を背景に、1970年代になると1チップの素子にコンピュータの機能を集約したマイクロプロセッサが開発されました。このマイクロプロセッサは家電機器にも組み込まれました。そして70年代後半には、マイクロプロセッサを中央演算処理装置（CPU）として組み込んだパーソナルコンピュータが登場しました。パーソナルコンピュータの出現は、次に述べるように、情報メディアの歴史を大きく変えました。

3――80年代半ばに情報メディアが融合した

それはパーソナルコンピュータを中心にして、それまでのさまざまな情報メディアが融合して、その境界がなくなったことです。

それまでの情報メディアは分野がそれぞれ独立していた

ここで少し復習しておきましょう。電気的な手段を用いた情報メディアは、まずは電信・電話というコミュニケーション技術として19世紀に発達しました。いわゆる電気通信技術です。20世紀になると電波を通じた無線通信と放送技術の時代が到来しました。それにともなって映像と音響に関連する家電も発達しました。そして、20世紀後半は情報処理をおこなうコンピュータの時代となりました。すなわち、

19世紀から　電気通信技術（コミュニケーション技術）
20世紀前半から　放送家電技術（映像・音響技術）
20世紀後半から　情報処理技術（コンピュータ技術）

とまとめられます。これらはもちろん互いに関連していますが、それぞれ独立した業界が担ってきました。研究者も分かれていて、たとえば、電気通信分野では電子情報通信学会、放送家電分野では映像情報メディア学会（かつてのテレビジョン学会）、情報処理分野では情報処理学会があります。

特記すべきは、80年代半ばにこれらの分野の融合が始まったことです（学会はいまでも別々ですが）。そのきっかけになったのが、パーソナルコンピュータの登場でした。パーソナルコンピュータは単に小型であることだけが特徴ではありません。それまでの大型コンピュータやミニコンピュータとは、まったく意味が違うコンピュータとなったのです。

80年代半ばに まずはマルチメディアとして融合

パーソナルコンピュータによって、まずはコンピュータ技術と映像・音響技術が融合しました。

それまでの大型コンピュータやミニコンピュータでやりとりされる情報は、キーボードから入力できる文字や記号が中心でした。科学技術計算や工場のオートメーションの制御装置としては、それで十分でした。

これに対してパーソナルコンピュータが相手をするのは、他ならぬ人間です。人間は視覚や聴覚などの五感を駆使して情報をやりとりします。その人間とスムーズな情報のやりとりをおこなうためには、コンピュータも映像情報や音響情報を扱えるようになることが要請されます。

ところが、映像や音響はそれまでは放送家電の分野で扱われてきて、しかもそれはアナログでした。コンピュータで扱える情報はデジタルですから、これを何とかしなければいけません。ところがアナログ的な映像や音響をデジタルに変換するとかなりの情報量になってしまいます。蓄積することも送ることも大変です。

この問題は技術によって解決されました。1980年代に、CD-ROMなどの大容量のデジタル情報の蓄積媒体が開発され、またデジタル圧縮技術（たとえば静止画を対象としたJPEG、動画を対象としたMPEGなど）の進展もありました。

こうして80年代半ばには、コンピュータが文字や記号だけでなく、映像や音響などの複数のメディア情報も扱えるようになりました。これがその頃から話題となり始めたマルチメディアです。

マルチメディアをつなぐインターネットの時代へ

1990年代に入ると、マルチメディア化されたパーソナルコンピュータは単独で使うのではなく、しだいに数多くのコンピュータがネットワークを介して互いに情報をやりとりするようになりました。これは、コンピュータ技術と映像・音響技術に加えて、もう一つのコミュニケーション技術（電気通信技術）が融合したことを意味します。

もともと電気通信技術は電話を中心としたアナログ的なネットワークでしたが、1960年代から一部がデジタル化され、80年代中頃よりネットワーク全体がデジタル化されるようになりました。ISDN（Integrated Services Digital Network）と呼ばれるデジタルの通信サービスも開始されました。

これに加えて、もともとデジタルであるコンピュータをつなぐネットワークとして1990年代に華々しく展開したのがインターネットでした。それぞれのローカルなコンピュータネットワーク（LAN）を相互につなぐことにより、世界中のコンピュータとの間で情報のやりとりができるようになりました。このインターネットは1995年頃には一般に開放されて、その後爆発的に普及したことは、ご存知のとおりです。

情報を統合するキーワードとしてのデジタル

こうしてそれまで別々に発展してきたコンピュータ技術と映像・音響技術がマルチメディアという形で融合して、さらにこれがインターネットで結ばれることによって、コミュニケーション技術も融合しました。

これは融合というよりも統合と呼んだ方がよいかもしれません。その統合のキーワードがデジタルでした。デジタルによって、映像や音響も含めたさまざまな異なる情報（マルチメディア情報)を同じ形式で扱うことができるようになりました。ネットワークもそれぞれのメディアごとに別々に用意する必要がなくなって、一つのインターネットで、すべての情報をやりとりできるようになりました。このようなデジタルによる統合をデジタル・コンバージェンスと呼ぶこともあります。

関連して1990年前後に新しい概念がつぎつぎと生まれました。いまはあたりまえのように使っているサイバースペース、WWW(World-Wide-Web)、バーチャルリアリティ(VR)もこの頃です。言い換えると、それぞれはそれほど古い昔ではないということです。1987年に生まれたサイバースペースは、いまの使い方とは少し意味が違っていて、小説のなかで脳と脳を繋ぐネットワークとして登場しています。WWWは1989年に、欧州の欧州原子核研究機構(CERN)で提唱されました。世界中に分散している文書をリンクして蜘蛛の巣のようにつなぐことからその名があります。同じ1989年にはバーチャルリアリティ(VR)ということばが生まれています。

●情報技術の融合

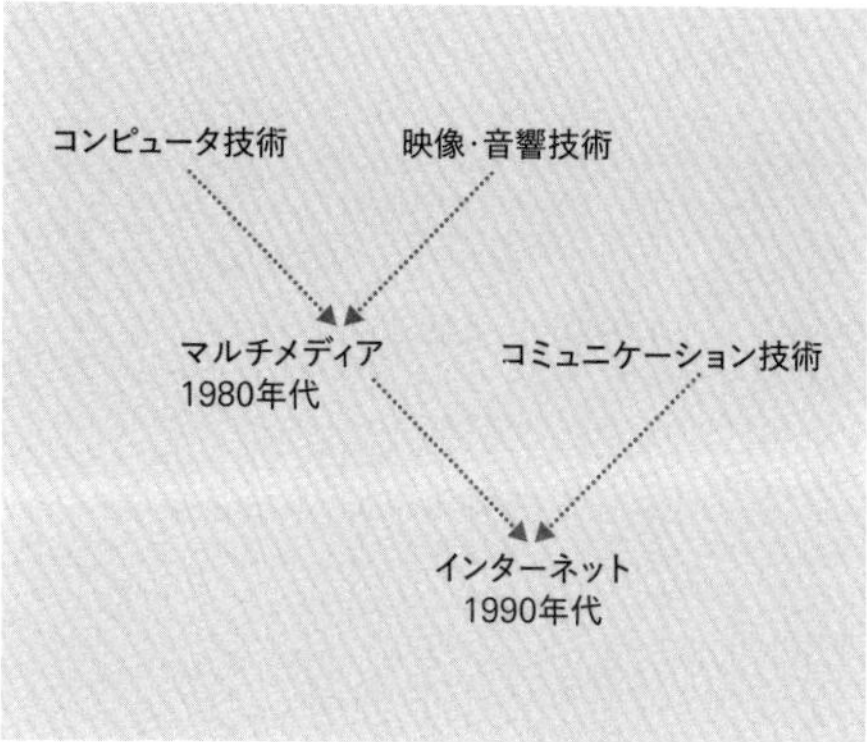

いま一つの忘れてはならないキーワードとしてのモバイル

こうして情報メディアが大きく発展しました。そのキーワードとして、モバイルも忘れてはいけません。

いまほとんどの方がスマホをお持ちだと思いますが、どこに移動しても電波を通じてネットワークにアクセスできます。これがモバイルです。

モバイルも夢としては古くからありました。たとえば、1924年のオランダの未来予想図には携帯電話が描かれています。携帯電話で話している人たちがみな頭の上に必ずしも小さくはないアンテナを載せていることはご愛敬です。

このような携帯電話の夢が実現したのは、それほど昔ではありません。少しだけ日本での開発の歴史をふり返ると、まだNTTになる前の電電公社が、1979年に自動車電話を開発しました。また重く、自動車の運転席の横におかれていました。そして1985年

●アンドリュー・ワット著
長山靖生著、石原聖子訳
『彼らが夢見た2000年』
（新潮社1999）
「De Pmus」オランダ1924

にショルダーホンが登場します。重さ3kgで、肩にかけることが前提でした。これがすぐ2年後には重さ900gまで小さくなりました。手で持つとかなり疲れると思いますが、何とかギリギリの重さでしょうか。

この携帯電話は1995年頃から猛スピードで普及します。インターネットが普及しはじめた頃とほぼ一致します。携帯電話でも音声の通話だけでなく、ネットでさまざまな情報をやりとりできるように、iモードが1999年に登場しました。そして2007年にアイフォン（iPhone）、1年遅れてアンドロイド（Android）が登場してスマホの時代へと突入しました。

ネットワークとフットワークが結びついた

このようなモバイルの発展を予想して、1990年代半ばに「ネットワークはフットワークと結びつく」と題した講演をしたことがあります。単純に語呂合わせなのですが、これからの時代、モバイルが普及すれば、現実社会のどこにいても、ネットワーク上の仮想の都市とやりとりできるようになります。これを手書きのOHPで説明したのが次のページの下図ですが、いままさにこの図に描かれているような時代となっています。

こうして「いつでも、どこでも、誰とでも」という通信の目的が実現しました。

4――その頃、原島研究室では

いま述べたように、1980年代半ばから90年代にかけて情報メディアは大きく変容を遂げました。ここで少し時間をいただいて、その頃に東大にあった原島研究室で何を研究していたかについて、簡単にお話ししたいと思います。自己紹介も兼ねることとします。

情報を構造化する知的符号化の研究

僕（原島）自身はもともとコミュニケーション技術が専門です。コ

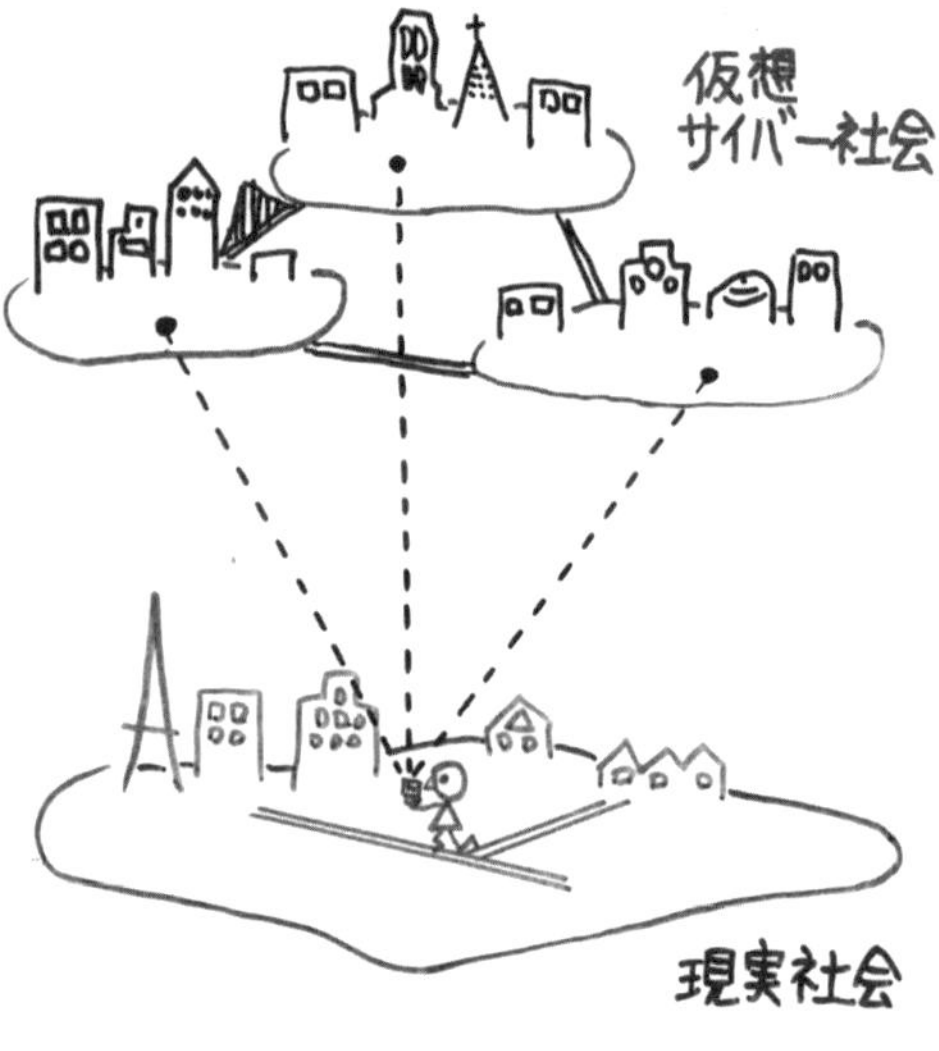

●ネットワークはフットワークと結びつく
90年代半ばの手描き講演OHPより

ミュニケーションの基礎を探ることに興味があって、最初は数学的な情報理論から研究生活に入りました。人間の脳の内部でどのようにコミュニケーションしているかについて興味を持ったこともありました。

そして1985年頃から始めた研究が「知的符号化」です。当時、研究室の大学院生だった相澤清晴氏と始めました。彼は立派な東大教授となりました。

最初に取り組んだ知的符号化の研究は、次のようなもので、テレビ電話の研究に関連していました。テレビ電話で顔画像を送るときに、波形をそのまま送るのではなくて、顔画像を分析して、動きの情報や表情の情報などに分解して送り、受信側で再合成をしようというものです。このとき、送信側と受信側に知識を、たとえば顔写真を共有していれば、それを積極的に活用できます。

この符号化は、最初は情報圧縮として、動きや表情の情報だけを送ればほんのわずかな情報で通信できるという形で提案しましたが、すぐにそれが本質ではないと気づきました。むしろここで狙っているのは情報の構造化であると。符号化の目的は単なる圧縮だけではありません。むしろ、情報をしっかり構造化して記述することによってさまざまな処理が可能になります。

情報が構造化されていれば知的なコミュニケーションも夢ではありません。1988年

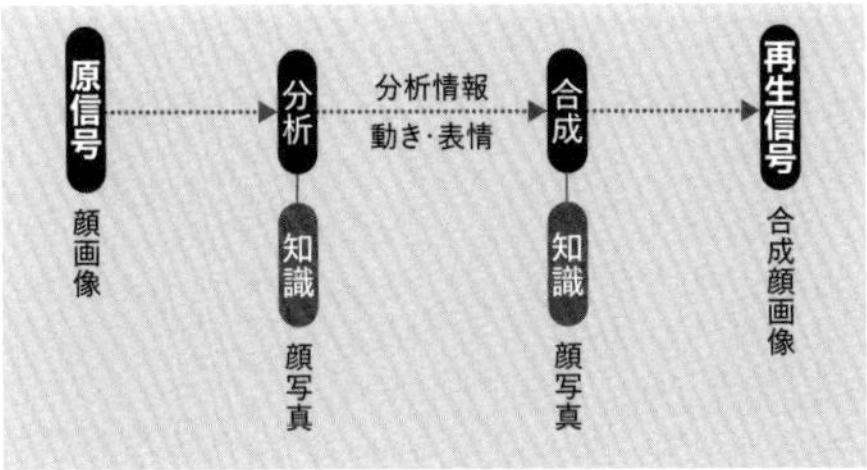

●知的画像符号化
相澤ほか：第1回画像符号化シンポジウム(PCSJ86)より

から翌年にかけて、短い2年間でしたが、電子情報通信学会に「知的コミュニケーションと符号化研究会」を設立してさまざまな議論を交わしました。それが電子情報通信学会の「ヒューマンコミュニケーション研究専門委員会」につながって、現在では「ヒューマンコミュニケーショングループ」として活発な活動が続けられています。

知的符号化は、先に述べたコミュニケーション技術（通信技術）、映像・音響技術（画像技術）、コンピュータ技術（知的処理技術）を、符号化という立場からつなげようとするささやかな試みでもありました。

通信の進化をキーワードで表現する

研究室や学会では次のような議論もしました。通信の進化をキーワードで表現してみようというものです。それまでの通信は、A地点とB地点を繋ぐこと、つまりコネクション（Connection）でした。それがヒューマンコミュニケーションでは、通信の本質はコネクションではなくて、どのようなコミュニケーション（Communication）がおこなわれるかが関心の対象になりました。そのコミュニケーションは何のためにするのでしょうか。誰かとふたりでいっしょに何かをやりたい、つまりコラボレーション(Collaboration)をしたいのです。ふたりだけではありません。複数になるとコミュニティ(Community)ができます。そういう議論です。

すでに気づいておられると思いますが、コ(Co)を頭文字にして、通信の進化をどこまで記述できるかという遊びをしています。当時はまだ紙の辞書の時代でしたが、ある日曜日の午後を使って、Coがついていて使えそうなキーワードをすべて書き並べることもしました。

コミュニティの次は何でしょうか。コミュニティで、何らかのお金をやりとりするしくみができれば、それは一種の経済社会になっていきます。つまり都市になります。都市は英語にするとどうなるか。シティ(City)。やばい! コ(Co)ではない。コ(Co)で始まる都市に相当することばが見つからなかったので、しかたなくシティにしました。でも、都市の機能としてのキーワードは、コマース(Commerce)とか、コンシューマー(Consumer)とか、カンパニー(Company)とか、Coがつく用語がたくさん見つかりました。こうして通信が進化す

●通信の進化

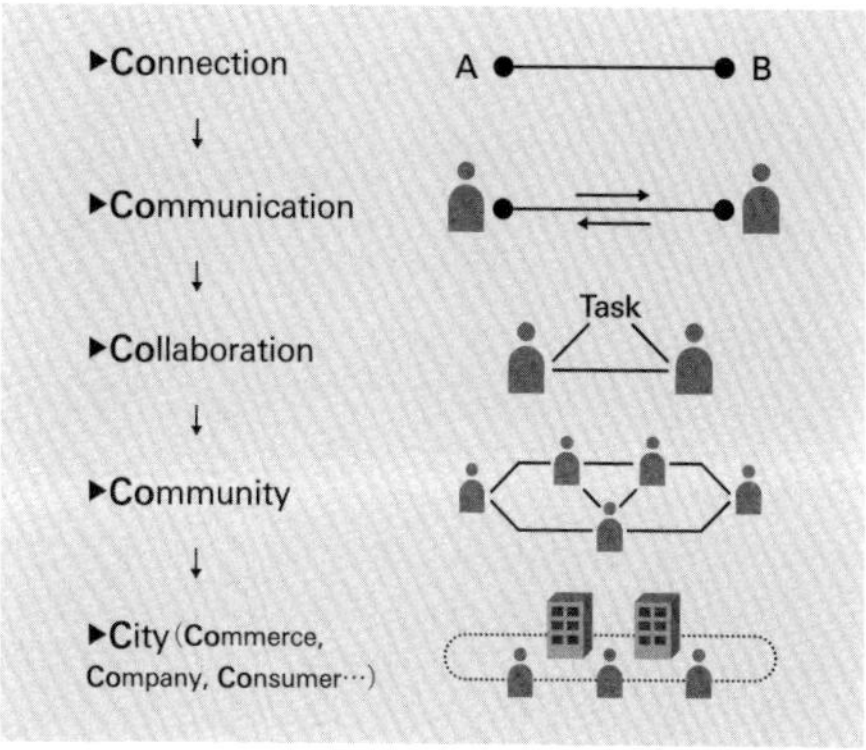

ると、ネットワークはバーチャルな都市社会になっていきます。人はそこで活動するようになります。そのようなことを真剣に議論しました。１９９０年代前半のことでした。僕にとって刺激的な時期でした。

コンピュータとコミュニケーション そしてマルチメディアで環境になる

このようなことも言っていました。「メディアは環境になる」。その環境の構成要素は、コンピュータ（Computer）とコミュニケーション（Communication）、つまりC&Cである、これにマルチメディア（Multimedia）がつくと環境（Environment）になる。CとCとMでEができるのであれば、$E=MC^2$という公式ができるだろうというものでした。僕は気に入っていたのですが、似ている公式を別の分野で誰かが先に提唱しているという話もあって、ほとんど無視されました。かなり本質をついていたのではないかと思うのですが……。

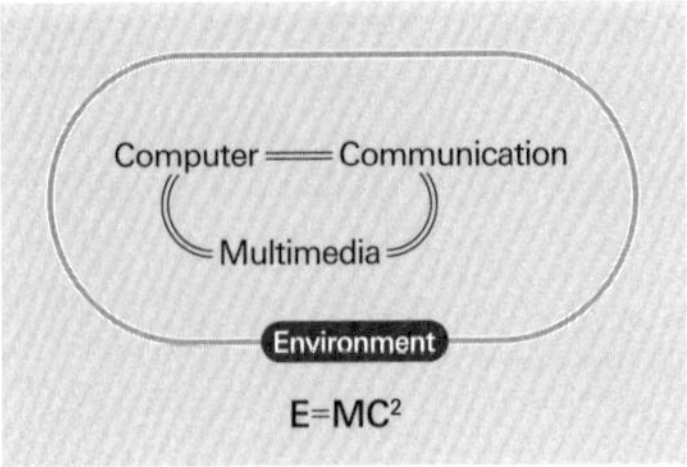

●メディアは環境になる！

5——21世紀になって情報メディアは大きく発展した

話を情報メディアの歴史に戻しましょう。これまで述べたように20世紀後半にデジタルとモバイルをキーワードにして情報インフラの基盤が整備されてきました。21世紀になってこれはどう発展したのでしょうか。

インフラとしてのメディアからコンテンツの時代へ

これを予言したものとして下図があります。デビッド・モシェラによって1997年に書かれた『覇者の未来』という著書に載っているものです。この図は、IT業界のパラダイムシフトと題して、それぞれの時代に何が中心であったかを示しています。

1970年代から80年代は「システム中心」とあります。ここでのシステムは、大型コンピュータを中心にして、そのまわりに端末を置いたものを意味します。それが80年代半ばから、PCすなわち「パーソナルコンピュータ中心」に変わってきました。そして、90年代半ばくらいから急に立ち上がったのが「ネットワーク中心」の時代です。

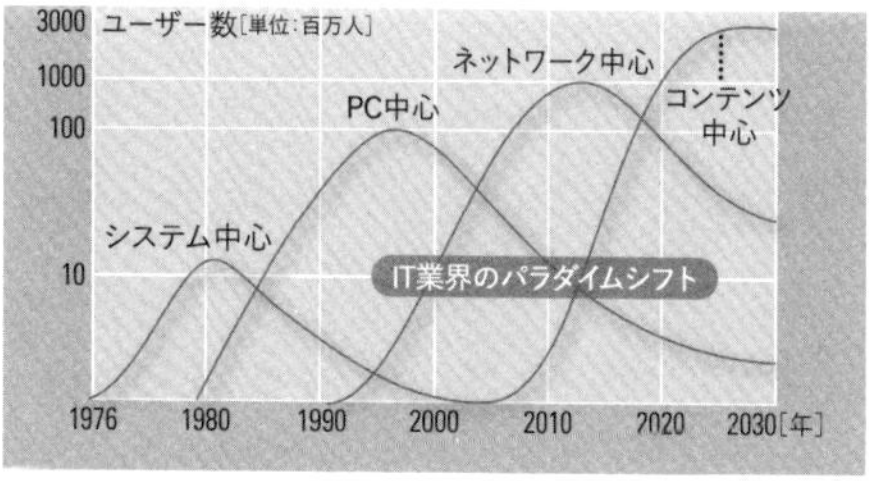

●ITの主役はコンテンツへ
出典：デビッド・C・モシェラ著、佐々木浩二監訳『覇者の未来』（IDGコミュニケーションズ 1997）を参考に作成

注目したいのは、1997年の本にあるこの図で、2000年頃より「コンテンツ中心」になると予測していることです。これは何を意味するのでしょうか。僕自身は次のように解釈しました。

「ネットワーク中心」の時代までは、情報メディア技術の発展はもっぱらそのインフラの整備でした。インフラが整備されると、その次はその中身をどうするかです。情報メディアのメディアは媒体、言い換えると容れ物です。その容れ物のなかにどのような中身、すなわちコンテンツを入れるかが、これからの課題となってきます。それが「コンテンツ中心」の意味です。

まずはネット上の情報の検索そして商取引

ネットワークにはさまざまなコンテンツ（中身）があります。インターネットの時代になって、ホームページが数多くできました。そこにはさまざまな情報があります。これらの情報を活用するためには、その情報がどこにあるかを探さなければなりません。

20世紀の末に、そのための情報検索ツールがつぎつぎと開発されました。その代表が

1998年に登場したグーグル（Google）です。アメリカのスタンフォード大学大学院のふたりの学生が開発した検索エンジンがもとになっています。キーワードを入力すれば関連する情報に、比較的容易にアクセスできるようになりました。

情報の検索だけでなく、ネットを通じて買い物ができるようになりました。アマゾン（Amazon）が有名です。1994年に創業したアマゾンは、当初はオンライン書店として書籍のネット販売が中心でしたが、いまでは広く電子商取引全般を扱っています。

そして誰でも発信できるウェブ2・0の時代へ

さらに2000年代中頃から新たな動きが始まりました。ウェブ2・0（Web2.0）と呼ばれている動きです。それまでは情報の送り手と受け手が固定されて、情報は送り手から受け手へ一方的に流れるだけでした。それに対して、これからは誰もがウェブサイトを通して、

●コンテンツは進化している

▶ネット上の情報の検索
1995：Yahoo創業
1998：Google 創業
2001：Wikipedia（英語版）

▶ネット上での電子商取引
1994：Amazon創業

▶誰でも発信できるWeb2.0

▶SNS（Social Networking Service）
2004：Facebook
2004：YouTube
2006：Twitter
2011：LINE

▶モバイルもスマホへ
2007：iPhone
2008：Android

自由に情報を発信できる時代が来る。仮に前者を（そのような用語はありませんが）ウェブ1・0だとすれば後者は情報の流れという観点からは画期的な変化であり、その意味でウェブ2・0と名づけられたようです。

具体的には、まずは2000年代前半から少しずつ普及したブログがあります。自分でホームページを開設しなくても比較的容易にそれぞれが自分の意見をネットに載せることができるしくみです。ウェブにログ（記録）するという意味でのウェブログ（weblog）が省略されてブログ（Blog）になりました。

そして2006年には、発言が140文字に制限されたミニブログサービスとしてツイッター（Twitter）が登場しました。またその2年前の2004年には、ネット上の交流サイトとしてフェイスブック（Facebook）がサービスを開始しています。

これらはソーシャル・ネットワーキング・サービス（SNS）と総称されることもあります。このような動きがまさにウェブ2・0なのです。これに対応して、それぞれの人が持つモバイル情報端末も2000年代後半に大きく進化しました。携帯電話が進化したスマホの登場です。先に述べたように2007年にアイフォン（iPhone）が、2008年にはアンドロイド（Android）端末が相次いで発売されました。

こうして21世紀になって、20世紀に整備されたインフラを前提として、その中身としてのコンテンツが大きく発展しました。この新たな流れをリードしたグーグル、アマゾン、フェイスブック、アップルは、いまはGAFAと呼ばれる世界的な巨大企業に発展しています。

6――まとめ――いま面白い時代になりつつある

このようにして情報メディアは、しだいに個人の情報発信ツールとなっていきました。この流れは歴史的にも画期的なものであったと思っています。

●情報メディア技術の発展

▸**言語(ことば)の発明**　…先史時代

▸**文字の発明**　…BC3500
楔形文字
(メソポタミアシュメール)

▸**紙の発明**　…BC2世紀
前漢の時代

▸**活版印刷術の発明**　…1447
グーテンベルク活版印刷機

▸**電気を用いた情報メディア技術の進歩**
電信·電話、無線通信、放送技術

▸**コンピュータの発明**　…1946
ENIAC
マルチメディア、インターネット、モバイル

ここで述べたことを最後にまとめると

簡単にまとめをします。情報メディア技術の歴史において、真に画期的なできごとは、それほど多くありません。まず挙げなければ

いけないのは「言語」です。これによって互いの豊かなコミュニケーション、そして口伝えの文化の伝承が可能になりました。しかし、それだけでは、ことばは記録に残りません。すぐ消えてしまいます。記録する技術として「文字」が登場しました。

そして画期的な記録メディアとして「紙」が発明されました。これにより亀甲や粘土板に比べてはるかに手軽に文字を記録して残すことができるようになりました。しかし、紙に直接文字を筆写するだけでは、それを読むことができる人はほんのわずかでした。一般の人が読めるようになったのは、1447年のグーテンベルクの「活版印刷術」からでした。それによって情報は大衆化しました。聖書の活版印刷化は、宗教改革につながりました。そして19世紀になってからの電気を用いた情報メディア技術の進歩です。まずは電信・電話から始まりました。電波が発見されて無線通信が可能になり、放送技術へと発展しました。

20世紀後半になるとコンピュータが発明されます。これは15世紀の活版印刷術に匹敵するほどの画期的なことだと、僕は思っています。活版印刷術の発明が1447年、コンピュータの発明が1946年、ちょうど500年の違いで生まれたということは示唆的です。さらには、このコンピュータが世界規模でネットワーク化されたインターネットは、時代を大きく変えました。たとえばそれまではマスメディアによって一方的に流されていた情報を、個人からも自由に発信できるようになりました。

もしかしたら未来の歴史書に……

これは歴史的にいったい何を意味しているのでしょうか。もしかしたら将来の歴史書には次のような記述があるかもしれません。

「古代における文字と紙の発明は、人類の知を歴史に残すことを可能にした。それは次の中世という時代をもたらした。中世の終わりのルネサンス期に登場した活版印刷術は、知の民への流通を可能にした。それは、近代という新しい時代をもたらした」

ここまではいまの歴史書と同じです。問題はその後の記述です。

「近代の終わり?に登場したコンピュータそしてインターネットは、知の民への流通だけではなくて、民からの発信、流通、活用を可能にした。それは……」

それはこれからどのような時代をもたらすのでしょうか。中世の終わりに登場したグーテンベルクの活版印刷術は、新たな近代という時代を切り拓きました。もしかしたらいま情報メディアの世界で起きていることは、それに相当する力を持っているかもしれません。

その意味で、いままさに面白い時代となりつつあります。

第2講

コンピュータの過去・現在・未来を10年単位で俯瞰する

第1講では、いまの情報の時代がいかにして到来したかを振り返りました。これから3回にわたって、情報メディアの発展をもう少し詳しく話します。具体的には、10年単位、100年単位、1000年単位で情報メディアの発展を俯瞰します。

なぜいまの時代に情報メディア技術がこれほど急に発展したのでしょうか。それは歴史的にどういう意味があったのでしょうか。それぞれの時代に何があったのでしょうか。そこで情報メディア技術の発展は、どのように位置づけられるのでしょうか。

めざましく発展している情報メディア技術の現場のまっただなかにいると、いま何が起きているのか正直言ってわかりません。来年どうなるかもつかめません。しかし、長い歴史からみると、その発展は歴史の必然のような気もします。これからの3回は、さまざまな時間軸でそれを眺めてみることとします。

1——まずは今回の問題意識から

本講ではコンピュータが生まれてからの成長と進化を10年単位で俯瞰します。今回のテーマに関連して、僕自身のなかにいくつか問題意識がありました。まずはそこから入ります。

鉄腕アトムはなぜ2003年に誕生しなかったのか

僕は「鉄腕アトム」世代です。1952年に「鉄腕アトム」は『少年』という雑誌に連載を開始しました。1952年は僕が小学校に入学した年でした。小学校時代の僕は小遣いなるものを持たない子でしたから、月に1回刊行される『少年』を自分で買うのではなく、友達から借りる。それが楽しみでした。

ロボットとしての鉄腕アトムは、漫画では2003年4月7日に誕生しています。すでにそれからかなりの年月が流れています。でもまだアトムは生まれていません。なぜなのでしょうか。

漫画「鉄腕アトム」には、鉄腕アトムが誕生した経緯が書かれています。それによると、1974年に原子力による超小型電子計算機が実現して、78年に最初の電子脳ができて、82年にそれが人間型ロボットに装備されています。その後、87年に人造皮膚ができて、各国がロボット開発を隠し始めます。そして2003年4月7日に

●鉄腕アトム（雑誌『少年』連載より）
Ⓒ手塚プロダクション

鉄腕アトムが誕生しました。このような歴史が書かれています。これは手塚治虫の、言わば未来予測です。

じつはこれは驚くべき予測です。1974年に超小型電子計算機とありますが、インテルの8080が登場したのが、まさに1974年でした。マイクロコンピュータ（マイクロプロセッサと呼ぶこともあります）です。手塚治虫の予測では、「原子力による超小型電子計算機」とありますが、原子力は別として、超小型、指の上に乗るコンピュータができるということは、みごとに当たっています。

ところが手塚治虫は、小さなコンピュータができれば、すぐその4年後に最初の電子脳ができると考えました。電子脳の定義にもよりますが、鉄腕アトムはかなりの知能を持っています。人間的な感情もあります。それはまだ実現していません。いったいなぜなのか、それが僕の問題意識でした。

日本はなぜコンピュータの分野でアメリカに差をつけられたのか

もう一つ問題意識がありました。1980年代にコンピュータの分野で、日本はアメリカを追い越すのではないかと言われた時期がありました。人工知能向けの「第五世代コンピュータ」と名づけられた国レベルの大型研究プロジェクトが、1982年から10年間にわたって日本で進められました。

このプロジェクトはアメリカでかなり騒がれました。ちょうど1984年に僕はアメリカに1年近く滞在しましたが、アメリカの本屋のショーウィンドウに日の丸が飾ってある。なぜかと思ってのぞきこむと、そこに「第五世代コンピュータの衝撃」と称して関連する書籍がずらっと陳列されていました。日本に勢いがあって、"Japan as No. 1"と騒がれた頃でした。

しかし、その後はどうだったでしょうか。むしろいまアメリカに決定的な差をつけられています。いったいなぜなのでしょうか。

2——コンピュータの誕生と成長——まずは1980年代前半までの歴史

このような問題意識を念頭におきながら、本講ではコンピュータの過去・現在・未来を10年単位で俯瞰してみることにします。第1講で述べたことと重複する部分もありますがお許しください。

●『**第五世代コンピュータ**』
——日本の挑戦——
エドワード・ファイゲンバウム、
パメラ・マコーダック著
木村繁訳
ティビーエス・ブリタニカ1983

コンピュータは終戦の翌年に生まれた

まずはコンピュータの誕生です。生まれは1946年、終戦の翌年です。最初の本格的なコンピュータはENIACだと言われています。じつはこれにはいろいろ議論があります。特許裁判では、アタナソフという人が勝ちました。そのアタナソフが試作したコンピュータをENIACの開発者の一人であるジョン・モークリーが見学に来たことがあるという事実があって、それが証拠となりました。

でも、汎用のコンピュータであることと、そのあとに影響力を与えたという意味では、やはり1946年のENIACが最初だと僕は思います。

ちなみに僕の生まれは1945年ですから、ほとんど同い年です。その意味ではコンピュータも僕も同じ時代を生きてきたことになります。ここでは、僕の成長と重ね合わせながら、ここ数十年にわたるコンピュータの成長を振り返ってみることにします。

なお、僕とコンピュータ、果たしてどちらが成長したかについては、ほとんどの人はコンピュータだと思うでしょう。僕もそう思いますが、これは見方によります。計算するスピードとメモリ容量ははるかにコンピュータが僕を凌駕しています。でも僕は自己増殖しています。子どもがいます。コンピュータはまだ自己増殖していません。その意味では僕はコンピュータに勝っています。

20歳まではコンピュータは成長期だった

それはともかくとして、僕自身の成長と重ね合わせてみると、最初の20年間、つまり20歳まではコンピュータも成長期、さまざまな意味で試行錯誤の時代だったと思います。最初のコンピュータであるENIACは真空管式でした。その頃は真空管の信頼性は高くなく、すぐに動かなくなるという欠点がありました。1万7000本以上もある真空管の一つが故障すると、それで動作しなかったのです。

じつはENIACと前後して、この信頼性を上げるために安定して動作するリレー（継電器）式コンピュータが開発された時代もありました。日本では僕の東京大学電気工学科の大先輩である山下英男先生の研究がありました。もともとモーターや電子顕微鏡を研究しておられた先生がいち早く手がけていたのがリレー式でした。その後は、TACという真空管式のコンピュータも開発しておられます。

真空管ではなくて、1950年以降に我が国独自の方式として後藤英一先生のパラメトロンが注目された時代もありました。電気試験所ではトランジスタ式が試作されています。

そのようなコンピュータが成人したのは、誕生してから20年たった60年代半ばでした。何をもって成人というかは難しいのですが、少なくとも60年代半ばまではコンピュータは専門家しか扱えませんでした。また、プログラムもフォートラン(FORTRAN)やコボル(COBOL)が開発されましたが、ほとんどは機械語に近い形で書かれていました。コンピュータの専門家しか使えないようでは、まだ一人前とは言えません。専門家でない人も使えて初めてコンピュータは一人前に、成人となるのです。

60年代に大型コンピュータとして一人前になった

その意味でコンピュータが一人前になったのは、科学技術分野では大型計算機センターが設立されたときだったと思います。日本では1965年です。東京大学に全国共同利用の大型計算機センターができることによって、大学の科学者は、コンピュータが専門でなくても、科学技術計算ができるようになりました。ちなみにそのときのコンピュータは、メインメモリは16キロワードあるいは64キロワード程度でした。僕の卒業研究でも利用しましたが、あるとき100×100の配列を定義したらバグがでました。そういう時代でしたが、大学の研究者であれば誰でもコンピュータが使えたのは画期的なことでした。

こうしてコンピュータが、必ずしも専門家ではなくても使えるようになると、さまざまな分野の情報化が推進されました。大型計算機センターが可能にしたのは「科学の情報化」です。

これと並行して、大型コンピュータが大学だけでなく企業にも導入されていくようになりました。これをIBMがリードしました。IBMが何の略か、皆さんご存知でしょうか。International Business Machinesです。ビジネスマシンの会社が、コンピュータ開発の中心になったのです。こうして「企業の情報化」が進みました。より広く「組織の情報化」と呼んでもいいかもしれません。

1977年に当時の日本電気の小林宏治社長が、C&C(Computer & Communication)構想なるものを提唱されました。コンピュータだけでなくそれをコミュニケーションネットワークでつなぐ。それがこれからの企業のインフラになるという主張です。まさに先見の明があったと言うべきです。

●**組織の情報化**（IBMの時代）
IBM System／1960年代末頃にNASAで撮影された360 Model91

70年代にコンピュータの小型化が進んだ

1960年代は大型コンピュータの開発が中心でした。これはその後も続きますが、1970年前後からこれとは異なる動きもでてきました。ミニコンピュータ、略してミニコンの登場です。

これはコンピュータの用途を広げ、オートメーションの制御装置として工場などの生産現場にも導入されました。コンピュータが「生産の情報化」の担い手となったのです。60年代後半にPDP-8というミニコンがあって、70年代になってミニコンの傑作PDP-11シリーズが登場しました。DEC(Digital Equipment)社の製品です。大学も恩恵を受けて、僕の研究室に最初に入ったミニコンがPDP-11／10でした。

さらにはLSIなどのエレクトロニクス技術が進歩して、1チップのまさに指の上にのるマイクロプロセッサ(マイクロコンピュータと呼ぶこともあります)も1970年代前半に登場しました。

1971年にインテルの4004、あるいはTIのTMS1000などが発表されました。これは4ビットマシンですが、8ビットマシンとして1972年発表のインテル8008

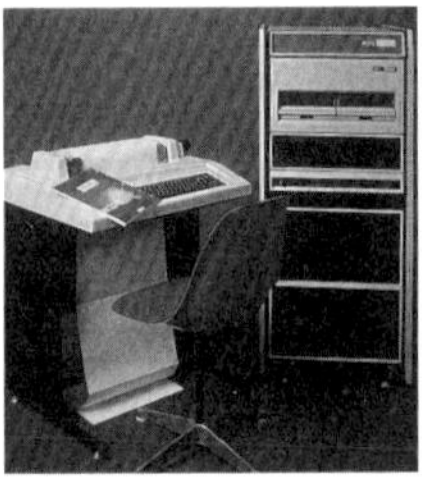

●生産の情報化
DEC PDP-11／10
1970年代の初め、安価なPDP-11の発表により、大学の研究室にもコンピュータが導入されたが先駆的なプロセッサとして知られています。これはインテルの8080、ザイログのZ80、モトローラのMC6800などへ発展していきました。その後は16ビットの時代となり、インテルの8086などが発表されています。みな懐かしい名前です。

このマイクロプロセッサは、後でも述べるようにパーソナルコンピュータにつながっていくのですが、忘れてはいけないのは、組込み用への発展です。いま洗濯機やエアコンなど、コンピュータと呼ばれないものにもあたりまえのようにコンピュータが組み込まれています。いわば、さまざまな「機器の情報化」が進んだのです。

80年代にいよいよパーソナルコンピュータが登場

マイクロプロセッサが登場すると、個人用のコンピュータにこれをCPUとして組み込むかたちでパーソナルコンピュータが実現します。世界初のパーソナルコンピュータとされているのは1974年発売のアルテア8800ですが、パーソナルコンピュータが広く普及するきっかけとなったのは、その後の1981年に登場したIBM-PCでした。IBMが作ったということで、パーソナルコンピュータの一つの標準になりました。そ

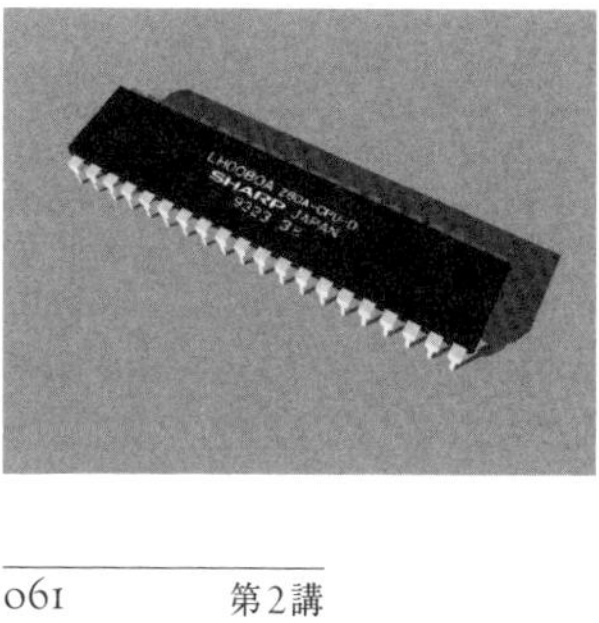

●機器の情報化
マイクロプロセッサ
インテル4004(1971)と
ザイログZ80(1976)

して1984年にアップル社からマッキントッシュが発売されました。

情報化の進展という意味では、パーソナルコンピュータは「個人の情報化」を担いました。

3――コンピュータのパラダイムシフト――80年代と90年代

このようにしてコンピュータは一人前になってきました。コンピュータによって科学が情報化され、企業が情報化され、生産が情報化され、そして家電機器も情報化されました。パーソナルコンピュータによって個人も情報化されます。

第1講でも述べましたが、このパーソナルコンピュータの登場は画期的でした。これによって情報メディアは80年代後半から大きく変容していくのです。

1980年代前半
コンピュータは脳もめざしていた

その頃、大学ではコンピュータに関連してどのような研究が進められていたかを簡単に説明しておきましょう。1970年代後半から80年代前半にかけて、僕が30代のときでしたが、

●個人の情報化
アップルI（1976）
パーソナルコンピュータの登場

僕の周囲では人工知能の研究が盛んに進められました。たとえば、それぞれの分野の専門家が実際におこなっている推論を分析して、そのアルゴリズムをコンピュータに実装するエキスパートシステム（Expert System）が注目されたのがこの時代です。

コンピュータは、初期の頃は「人工頭脳」とも呼ばれていましたが、なかなかその言葉どおりにはいかずに、実際は単なる計算機でした。そのコンピュータに人と同じような知能を持たせようとする研究が人工知能です。

人工知能（AI）はいま（2024年現在）ブームです。このブームは2010年代後半からで、第三次のブームと言われたりします。第一次のブームはコンピュータの誕生直後の1950年代から1960年代で、定理の証明やゲームのアルゴリズムの探求、自然言語の解析など、コンピュータで知的処理がどこまでできるか、さまざまな可能性が検討されました。

そして第二次が1980年前後のブームです。エキスパートシステムを中心に知識をどう表現するか、その知識を用いてどう推論するかが研究の中心になりました。

第五世代コンピュータプロジェクトが進められた

この第二次の人工知能ブームの延長線上に「第五世代コンピュータプロジェクト」が日本で構想されました。

第五世代コンピュータプロジェクト、僕の世代にとっては懐かしい言葉ですが、若い方は初耳かもしれません。コンピュータは初期の頃、第〇世代という言い方で世代が区分されていました。簡単に説明しますと、第一世代は真空管式、第二世代はトランジスタ式、第三世代はIC、第四世代はLSI、これはICが大規模になったものですが、このようにどのような部品でつくられているかで世代区分がされていたのです。

その流れのなかで、まったく異なる考え方による第五世代コンピュータが提唱されました。部品で世代を定義する時代は終わって、これからはむしろコンピュータは何をめざすかで定義すべきだとの主張が、そこにありました。部品で分類すると、いまのコンピュータは基本的にはLSIを部品としていますから、まだ第四世代かもしれません。

第五世代コンピュータはそうではなくて、人工知能研究の延長として、まさに人工知能に適したアーキテクチャのコンピュータを作ろうとしたのです。もともと人工頭脳とも呼ばれていたコンピュータですが、それに挑戦する時代がきた。その時代を日本がリードするのだという宣言が、第五世代コンピュータプロジェクトでした。まさにコンピュータは脳をめざし始めたのです。

これは世界的にも注目されました。先に述べたように、アメリカの本屋のショーウィンドウに日の丸が飾られるほどでした。日本はこうして、コンピュータの世界でアメリカに追いつき、あるいは追い越すはずでした。でも、結果はどうだったでしょうか。いまの日本は当時よりもアメリカに決定的な差をつけられています。それはいったいなぜだったのでしょうか。

80年代後半にコンピュータのパラダイムシフトが起きた

結論を先に言ってしまいます。僕は、このときにコンピュータの分野で大きなパラダイムシフトが起きたと考えています。より具体的には、コンピュータがめざす方向が世界的に変わったのです。日本は「脳をめざす」方向で、第五世代コンピュータで世界のトップを走る意気込みでした。でも、そのときコンピュータの進化の流れは、別の方向に向かっていました。その流れから日本は取り残されてしまったのです。それでいまアメリカに決定的な差をつけられてしまったのです。

その別の方向とはいったい何でしょうか。ひとことで言うならば、「脳をめざすコンピュータ」から「メディアをめざすコンピュータ」、あるいは「社会そのものをめざすコンピュータ」に変わった。そういうことだろうと思っています。

もう少し詳しく説明すると、先に述べたコンピュータの小型化、いわゆるダウンサイジングと関係しています。とくに1980年代に普及したパーソナルコンピュータ、略してパソコンは画期的でした。コンピュータは空調が効いた専用の部屋に置かれるのではなくて、自分のすぐそばに置かれるようになったのです。これによりコンピュータは、自分のパートナーになって、自分を支える存在になりました。これは先に述べたように「個人の情報化」へ向けた動きです。

「脳をめざすコンピュータ」は、自分の代わりになる機械をつくろうという方向でした。自分と同じものができて、それが自分の代わりになれば、自分は要らなくなります。工場のオートメーションがまさにそうでした。コンピュータが工場に導入されることによって、多くの労働者の職がなくなりました。

これに対して、パートナーとしてのコンピュータは、人を要らなくするのではなくて、人がいることを前提として、コンピュータが人を支えるのです。その意味ではパソコンは、個人秘書になりました。すると、コンピュータ研究の最前線も変わってきます。人の代わりになる人工知能研究ではなく、人との対話が重要課題となり、ヒューマンインタフェース研究などが注目されるようになりました。

マルチメディアからインターネットへ

人は文字や記号だけでなく、視覚や聴覚を通じて情報のやりとりをしています。パーソナルコンピュータの機能として、まず注目されたのはコンピュータで映像や音響を扱えるようにすることでした。複数のメディアをコンピュータで扱えるようにするという意味で、マルチメディアと呼ばれました。

日本では1990年代に入ってマルチメディアブームが起こりました。研究者だけでなくて、産業界や国が騒ぎ始めたのです。「これに乗り遅れたら21世紀は生き残れない」などと、強迫に近い形で報道されたりしました。

それはともかくとして、マルチメディアはその後ネットワークが主役に躍り出てきました。そして、しだいに個人秘書としてのパソコン同士が互いに繋がるようになったのです。

それはインターネットという形で広く普及しました。そのきっかけになったのは、ネット上のページを画面に表示するブラウザの登場だと思います。まず、モザイク（Mosaic）が1993年に発表されました。その後さまざまなブラウザができましたが、いちばん最初のブラウザはモザイクでした。その後はネットスケープ（Netscape）になって、インターネットエクスプローラー（Internet Explorer）が強引にネットスケープの追い出しを図ったということもありました。ちなみに僕の個人ホームページができたのは1994年ですが、最初はモザイクで作られていました。

そしてコンピュータは社会の情報化の基盤となった

コンピュータがネットワーク化されると、コンピュータを利用する目的も変わってきました。計算することではなく、メールのやりとりやファイル転送など、いわばコミュニケーションメディアとしてコンピュータを使うようになったのです。ネットワーク化されたコンピュータは、しだいにコミュニティを形成するようになりました。いまインターネットはそのような使われ方をしています。

さらに言うと、そのインターネットを中心とするコミュニティにおいて、何らかのお金をやりとりするしくみができれば、コンピュータは経済社会となります。電子経済社会です。経済社会となれば、そこで流通する電子マネーをどうするかが問題となります。また、社会になると当然そこで犯罪が起こります。その犯罪に対してどう対処するか。「セキュリティ」というキーワードがクローズアップされてきました。脳をめざしていたときは出てこなかったキーワードです。

こうして、コンピュータは、脳をめざすのではなくて、社会そのものをめざすようになりました。「社会の情報化」です。コンピュータは社会のインフラとして位置づけられるようになりました。

コンピュータは計算する機械ではなくなった

こうして1980年代から90年代にかけて、大きなパラダイムシフトが起きました。その90年代に、あるところで次のような講演をしたことがあります。「パラダイムシフトが起きてきた」という講演で、内容は「ネットワークは通信するネットワークではなくなった」。「放送はブロードキャスティングではなくなった」。「コンピュータは計算する機械ではなくなった」でした。

ほんとうは「なくなる」ですが、「なくなる」よりも「なくなった」と表現した方が衝撃的に思えたので、そのような表現をしました。実際、ネットワークは必ずしも(電話で)通信するものではなくなりました。放送も多様化してユーチューブ(YouTube)なども登場しています。しだいに個人発信の時代になっていくことでしょう。三番目の「コンピュータが計算する機械ではなくなった」というのは変に思われるかもしれません。科学技術の研究者は別として、ほとんどの人はコンピュータを計算中心の機械だとしていません。それはメディアであり、さらには社会インフラになっています。

4――パラダイムシフトは60年代から準備されていた

こうしてコンピュータの世界は大きく変容しました。パーソナルコンピュータ、そしてインターネットはこの時期に突然登場したように見えますが、じつはそうではありませんでした。数十年前からその芽生えがあったのです。言い換えると、数十年前から準備がなされていたのです。

ヴァネヴァー・ブッシュのメメックスの発想

広い意味でのメディアとしてのコンピュータの歴史をみると、その考え方自体は1945年にヴァネヴァー・ブッシュが書いた論文「As We May Think」にすでにあります。ここでブッシュは、メメックス(memex)と呼ばれる情報検索システムを提案しています。その論文にある写真を見ると、見かけは最先端のメディアそのものではないですか。時代としては、ENIACが登場する以前です。

このヴァネヴァー・ブッシュという人はおもしろい人でした。当時のマサチューセッツ工科大学(MIT)のコンピュータ講座の教授で、情報理論のシャノンのボスです。もちろん当時はアナログコンピュータの時代で、微分解析機の研究で有名でした。戦争中はアメリカ政府に科学研究開発局の新設を提言し、その局長をつとめ、さらには

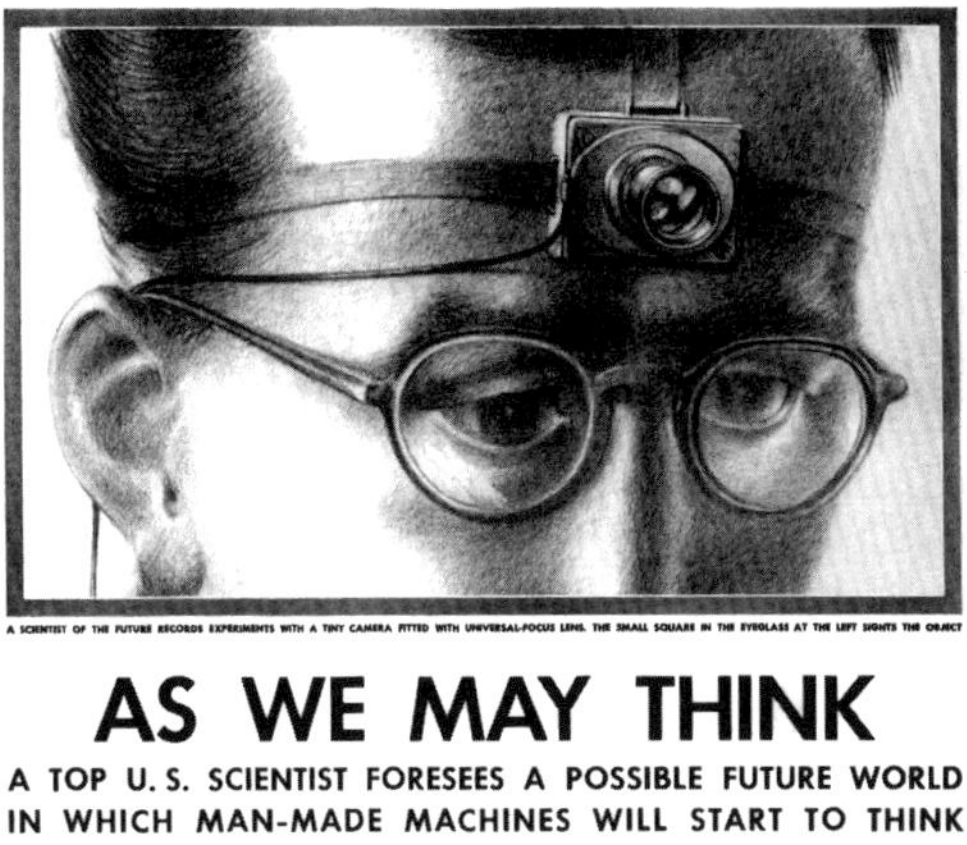
A SCIENTIST OF THE FUTURE RECORDS EXPERIMENTS WITH A TINY CAMERA FITTED WITH UNIVERSAL-FOCUS LENS. THE SMALL SQUARE IN THE EYEGLASS AT THE LEFT SIGHTS THE OBJECT
AS WE MAY THINK
A TOP U. S. SCIENTIST FORESEES A POSSIBLE FUTURE WORLD IN WHICH MAN-MADE MACHINES WILL START TO THINK

●「As We May Think(私たちが考えるように)」(1945)
米国の科学行政官であったヴァネヴァー・ブッシュによる論文
情報社会の多くの側面を先取りしていると評された

原爆で有名なマンハッタン計画を推進した人ですが、ここでは詳しく触れません。

メメックスはコンセプトだけでしたが、これを技術的に可能にしたのが1960年代後半です。NLS、ダイナブック、ARPANETなど、その後の発展につながる画期的な試みがなされました。

エンゲルバートの対話型コンピュータNLS

NLSは、oN Line Systemの略です。すごい略し方をします。日本人に真似できない。このNLSでスタンフォードのエンゲルバートが、対話型コンピュータの実験をしています。これからのコンピュータは人間の代わりに計算するのではなくて、人間と対話することが本質的だとの思想のもとに、さまざまな概念を提案して実装しています。マルチウィンドウ、ビットマップディスプレイ、マウス、電子メール、ハイパーテキスト、ワードプロセッサー、そのようなキーワードが並んでいますが、その先見性は驚きです。1968年のことでした。

●**米国の発明家**
ダグラス・エンゲルバート
「すべてのデモの母」のライブデモンストレーション（1968）

アラン・ケイのダイナブック

同じ1968年にアラン・ケイが、理想的なパーソナルコンピュータのコンセプトを構想しています。1972年に発表されています。ダイナブックです。この名称から日本の某社のノートパソコンを思い浮かべる方がおられるかもしれませんが、それとは別物です。

さきほどのNLSは対話型でしたが、必ずしもパーソナルではありませんでした。アラン・ケイはこれを一歩進めて、パーソナルコンピュータは、A4サイズで携帯可能、新聞並みの解像度、音声入力、マウス入力、ネットワーク化されて無線通信もできるものでなければいけないと言っています。まさにいまのパソコンそのものです。そして実際に、アラン・ケイはそれを実現しようとゼロックス社のアルトを試作していますが、本格的には1984年のアップル社のマッキントッシュとして結実しました。

●ダイナブック構想
写真はアルト
(ゼロックス社1973)
1984年にはマッキントッシュ
(アップル社)が実現

インターネットの源流も60年代末にあった

そしてもう一つがインターネットです。源流は1969年に登場したARPANETという、もともとは軍用のネットワークでした。軍用と言っても、大学が中心になっていて、スタンフォード大学、ユタ大学、カリフォルニアの二つの大学（サンタバーバラとロサンゼルス）をネットワークでつなぐかたちで始まりました。分散型のネットワークの実験です。そのプロジェクトで物理的にはイーサーネット（Ethernet）が開発され、プロトコルとしてTCP／IPが作られました。その後いろいろな歴史があって、1990年代後半からインターネットというかたちで発展しました。インターネットというのは、もともとあるさまざまなネットワークを相互に繋ぐという意味ですが、源流は1969年頃にあったのです。これは注目していいと思います。

5——こうしてコンピュータは環境となった

いま述べたように、1980年代中頃に突如として出現したように見える新しい流れも、

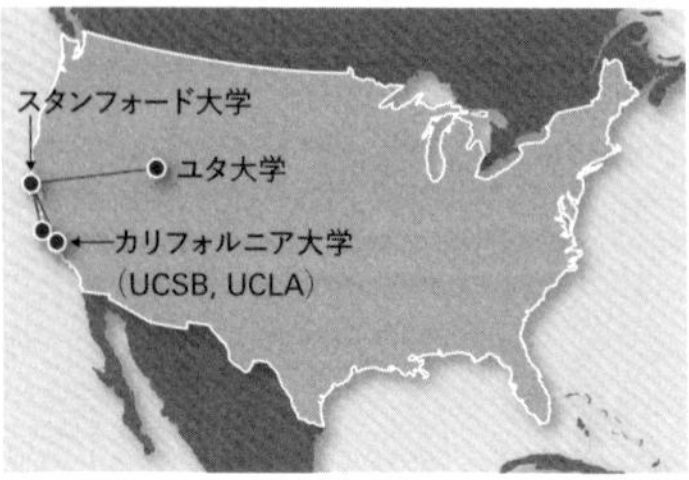

●インターネットの源流

その技術の源流は1960年代後半にありました。それがハードウェアも含めて開花したのが、80年代後半から90年代後半にかけてのマルチメディア、そしてインターネットでした。

モバイルによって人の行動が情報化された

こうして20世紀の後半、もう少しで21世紀になろうとするときに、情報のインフラが整備されました。いまやコンピュータとインターネットがなくては社会が成り立ちません。パーソナルコンピュータによって個人が情報化され、インターネットによって社会が情報化されました。

これに加えて、20世紀末にもう一つ重要な流れがありました。第1講で述べたモバイルです。インターネットの整備と同期して、1995年頃より携帯電話が爆発的に普及しました。「いつでも、どこでも、誰とでも」という通信の目標が達成されました。ネットワークはフットワークと結びつきました。携帯電話はその後スマホへと進化しました。

これは情報メディアのイメージを大きく変えました。それまではどちらかというとコンピュータには暗いイメージが付きまとっていました。たとえば、コンピュータオタク、外

●行動の情報化
ネットワークは
フットワークと結びついた

出せずに暗い個室に籠って、四六時中コンピュータに向かっている。実際には必ずしもそうではなかったのですが、そのようなイメージがありました。

これに対して、モバイルは外出して街で動き回って行動していることを前提とします。だからモバイルなのです。モバイルは行動する人そのものをネットにつないで情報化しました。「行動の情報化」です。

第1講では、これを「ネットワークがフットワークと結びついた」という表現にしました。もともと、1980年代後半からのコンピュータのパラダイムシフトが、人の代わりになるものではなくて、人を支えるコンピュータとなることであったとすれば、行動する人にいつも寄り添っているモバイルへの進化は当然だったのです。

情報が空気のような環境になった

インターネットとモバイルに進化したコンピュータは、こうして人の生活になくてはならないものになっていきました。いまコンピュータは、あなたの身近に数多くあります。おそらく数えきれないほどでしょう。もちろんスマホはコンピュータです。時計もコンピュータで動いています。家庭にある冷蔵庫も、洗濯機も、エアコンも、電子レンジも……、みなコンピュータで制御されています。外で運転する自動車も同じです。

それらはコンピュータの存在をほとんど意識することがない空気のようなものとなっています。そうなのです。いまやコンピュータは空気のような環境になったのです。子どもたちも生まれたときからあたりまえのようにその環境で生きています。これは情報があたりまえの環境になったという意味で「情報の環境化」と呼ぶことができるでしょう。

この情報の環境化が20世紀後半のわずかな期間で成し遂げられたことは驚きです。僕が生まれたときはコンピュータそのものが誕生していませんでした。それがわずか半世紀でこうなったのです。歴史にも特記されるすばらしい時代を目撃してきました。

6――21世紀になって情報文化が花開いた

21世紀に入ります。第1講では、21世紀をコンテンツの時代と表現しました。20世紀に整備されたインフラを情報の容れ物として、その中身がコンテンツとして発展する時代となったという意味です。実際にインターネットやモバイルを前提として、ネット上にさまざまなサービスが登場しました。

ネットを通じて情報が身近になり人が結びついた

その先駆けとなるのが、ネットにある莫大な情報を手軽に探すことができる検索サービスです。それを牽引しているのが、21世紀になる直前の1998年にスタンフォード大学の博士課程に在籍していたラリー・ペイジとセルゲイ・ブリンによって創業されたグーグルです。そこでは、検索可能なネットワーク上の情報はすべてコンテンツであると定義しています。さらには、図書館に所蔵されている書物をすべてデジタル化してネットワークに載せてしまえば、それもコンテンツになります。美術館の作品も同様です。地図情報をすべて載せてしまえば立派なコンテンツです。グーグルはこれらを全面的に展開しました。検索可能な情報はすべてコンテンツになったのです。これによってネットにある「文化の情報化」が進められました。

ネットワークにおけるコンテンツは情報だけではありません。人間もつながっています。しだいに人間そのものがコンテンツになってきました。SNS（Social Networking Service）と呼ばれているサービスがこれを担っています。インターネットで社会的なネットワーク（ソーシャル・ネットワーク）を構築することを可能にしました。これは「コミュニティの情報化」と呼ぶこともできるでしょう。その代名詞ともなっているフェイスブック（Facebook）は2004年に、ツイッター（Twitter現在のX）はその2年後の2006年にサービスが開始されました。ウェブ2・0と総称されることもあります。ここでの主役は情報ではなく人間です。人のつながりです。もともと電話中心のネットワークは人をつなぐものでした。それがいままた主役に躍り出たのです。

そしてあらゆるものがネットワークでつながった

こうしてネットワークでまずは情報がコンテンツとなり、人がコンテンツになりました。そしていま、実世界にあるモノをすべてコンテンツとして扱おうとする時代になろうとしています。すべてのモノにアドレスをつけてネットワーク化すれば、それが可能になります。「モノの情報化」です。

このようにモノそのものがインターネットのようにつながるしくみは、IoT（Internet of Things）、モノのインターネットとして注目されています。サイバーフィジカルシステムと呼ぶこともあります。初めて聞く方もいらっしゃるかもしれません。サイバーはネット上のバーチャルな世界、フィジカルは物理的な実世界で、この両者をつなげるキーワードがサイバーフィジカルシステム（Cyber Physical System）です。ＣＰＳと略すこともあります。簡単に説明すると、実世界（Physical System）の情報を、センサネットワークなどを通じて、サイバー空間（Cyber System）に結びつけて、サイバー空間における強力なコンピューティング能力によって、実世界をきちんと制御する、実世界の効率良い社会を実現するというものです。実世界をネットワークで結ぶことによって、実世界そのものを変えていく、それがサイバーフィジカルシステムであり、ＩｏＴです。

ビッグデータの時代になって人工知能が再び注目された

こうして人が生活する環境のすべてが情報化されようとしています。まさに「環境の情報化」です。

20世紀末には情報が空気のような環境になるという意味で「情報の環境化」が進みました。21世紀になって、これとは逆に実世界の環境のすべてをネットワークでつないで情報として扱おうとする「環境の情報化」が進んでいます。似ていますが、意味は大きく異なります。

環境のすべてが情報になると何が起こるでしょうか。すべてを情報化するのですから、そのデータ量は膨大になります。ビッグデータの時代が到来しました。ここで新たな問題が起こりました。その膨大なビッグデータをどう扱うかです。データは大量になればなるほど扱いにくくなります。単にあるだけでは無用の長物です。そこからいかに有用な情報を取り出すか、この情報をいかに役立てるか。それができなくては、せっかくのビッグデータが宝の持ち腐れとなります。

正直言って個人の能力ではとてもできません。限界があります。人に代わってネットにつながっているコンピュータにやってもらう以外にありません。あまりにも大量のデータを処理するわけですから、その処理の方法もコンピュータに指示するのではなく、コンピュータに自分で考えてもらう必要があります。

そこで登場してきたキーワードが、いま話題になっている「人工知能（AI）」です。「環境の情報化」だけでは大量の情報の洪水となるだけです。環境そのものが知能を持って情報を処理することが要請され、「環境の知能化」の時代がやってきました。

7――人工知能によって情報技術は新たな時代へ

いまやAIブームです。これは第三次のAIブームだと言われています。

第二次のAIと第三次のAIとは何が違うのか

先にも述べたように第二次のAIブームが1970年代後半から80年代にかけてありました。この流れは長く続かず、その後AIは冬の時代に突入しました。コンピュータがマルチメディアやインターネットを通じて「個人の情報化」や「社会の情報化」をめざすようになったからです。

そのAIが21世紀になって、2010年頃からまた復活しました。この第三次ブームのAIと四半世紀前の第二次ブームのAIは何が違うのでしょうか。

まずはその間にコンピュータの計算パワーが、桁違い（それもかなりの桁違いに）高くなりました。利用できるメモリ容量も、メガからギガ、そしてテラになりました。逆に言うと、第二次AIブームのときは、いまから思うと貧弱なコンピュータでAIを実現しようとしていたわけです。できるだけ効率的に、計算能力もメモリも節約しながら実装しなければなりません。そのためにはやみくもに推論するのではなくて、まずは知能なるもののしくみを解明して法則を見つけ、これをアルゴリズムとして実装することが必要になります。これがその頃の人工知能研究でした。人の知能はそれほど簡単ではありません。限界が見えて第二次のブームは去っていきました。

さらに決定的なのは、第二次のブームのときはインターネットがまだ登場していなかったことです。もちろんビッグデータもありません。人工知能において推論するもとになる知識が重要であることは第二次のときにすでに指摘されていましたが、その知識を整備することが大変でした。

いまＡＩが新たな時代を拓きつつある

そして、インターネットとビッグデータを背景にして第三次のＡＩブームの時代が来ました。ＡＩの考え方も変わりました。知能のアルゴリズムがわからなくても、人工知能が学習によって自ら発見すればそれでよいのです。学習に必要なデータはたっぷりあります。

膨大な学習も、いまのコンピュータの計算パワーがあれば可能です。必要であればネットにつながっている多数のコンピュータを連携させることもできます。第二次までは賢さを追求してきましたが、第三次は大規模であることが本質の、いわば力まかせのAIです。

人工知能が自ら学習するアルゴリズムとして、ディープラーニング（深層学習）が注目されています。これは大量のデータを学習することによって自ら推論アルゴリズムを構築します。コンピュータは、それこそ寝ないで四六時中学習できますから、その知能はどんどん成長していきます。問題はそれがどのような知能なのかが、ブラックボックスになっていて外からは見えないことです。結果は正しそうなので信じる以外ないのですが、ほんとうにそれで大丈夫なのか、ブラックボックスの中身を見る研究がいま進められています。

そもそも知能とは知的とは何なのか

このような第三次のAIをみると、知能とは、さらには知的とは何かを改めて考えさせられます。

原島の専門は通信技術です。第1講でも述べたように、1980年代後半から通信を知的にすることを試みました。知的コミュニケーションです。そのときに同じ想いの研究者と、「知的とは何か」について熱っぽい議論をしました。たとえば知的は、英語ではどのようになるのでしょうか。

英語をintelligentとすると、賢い、あるいは頭のよいという意味になります。knowledge-basedとすると、知識にもとづいたという意味になります。semanticとすると、意味内容に立ち入ることになります。その頃の通信は、基本的には波形レベルの信号伝送でした。知的処理をするには、情報の意味内容に立ち入らなければなりません。

このような議論をしましたが、最終的な結論は異なったものでした。キーワードで表現すると、「自己成長」さらには「自己進化」です。たとえば人は知的であると言われます。なぜでしょうか。親よりも子が知的であることも珍しくありません。それは親がすべて教えなくても、子は自分で学習して成長するからです。その知能がどのような構造になっているかは親には理解できません。本人にもわかりません。まさにブラックボックスです。

通信もまた、そこに自ら成長して進化するしくみがあれば知的です。これを議論していた80年代後半までの通信は、通信事業体がサービスも含めてすべてを用意していて、自ら進化することはありませんでした。それに対して90年代から普及したインターネットには、その利用者が創意工夫することによって自ら進化していきました。インターネットには、そのようなしくみがあったのです。自ら進化するしくみを持つ技術は、その開発者の想像を超えたものに成長していきます。いま人工知能がそうなっています。時代は大きく変わりました。

8――まとめ――コンピュータはまだまだ進化する

この第2講では、1946年に誕生したコンピュータの進化を、10年単位で「○○の情報化」という観点から振り返りました。

コンピュータの進化は情報化の歴史であった

まとめておきましょう。コンピュータは1960年代に一人前となって、まずは大学等にコンピュータセンターができて「科学の情報化」が起こりました。並行してIBMがリードして、企業を中心に「組織の情報化」が進められました。1970年代になると、それまでの大型コンピュータの小型化が図られました。工場向けのミニコンピュータは「生産の情報化」に貢献して、1チップに実装されたマイクロプロセッサ（コンピュータ）は、家電などのさまざまな機器に組み込まれて「機器の情報化」がなされました。

そして80年代になるとパーソナルコンピュータが登場して「個人の情報化」の時代となりました。90年代は、その後半からインターネットが普及して、そこでさまざまな社会活動がなされるようになりました。これによって「社会の情報化」が推進されました。また同じ時期に携帯電話の普及によってモバイルの時代になり「行動の情報化」がなされました。

このような20世紀における情報インフラの整備を前提として、21世紀にはそこにさまざまなコンテンツが花開きました。2000年代以降に情報検索エンジンによって「文化の情報化」が進められ、SNSは「コミュニティの情報化」によって人と人をつなぎました。そしてすべてのモノをつなぐIoTによって「モノの情報化」が推進されました。

●情報化の進展

1946	ENIAC（ペンシルバニア大）	
1960s	科学の情報化	組織の情報化
	大型計算機センター	大型コンピュータ
1970s	生産の情報化	機器の情報化
	ミニコンピュータ	マイクロコンピュータ
1980s	個人の情報化	
	パーソナルコンピュータ、マルチメディア	
1990s	社会の情報化	行動の情報化
	インターネット	モバイル
2000s	文化、コミュニティ、モノの情報化	
	情報検索、SNS、IoT	
2010s〜	環境の情報化から環境の知能化へ	
	人工知能（AI）	

こうしてヒト、コト、モノのすべてにおいて「環境の情報化」の時代になりました。これはビッグデータをもたらし、それを活用するため強力なツールとして人工知能がブームになりました。「環境の知能化」の時代への突入です。

鉄腕アトムはなぜまだ生まれていないのか

このような流れを踏まえて、最後に本講の冒頭で述べた問題意識に、それなりの答えをだしておきましょう。その一つは、なぜ鉄腕アトムが2003年に生まれなかったかでした。1974年に超小型コンピュータが生まれるという手塚治虫の予測はぴったり当たっています。実際に1970年代前半にマイクロプロセッサが登場しています。問題はその後に電子脳がなぜすぐにできなかったかということです。これにはいくつかの理由があるでしょう。それはどんなに小さなコンピュータができても、あるいはどんなに高速のコンピュータができても、人の脳のしくみがわからなければ、電子的な脳はできないということです。人の脳はそれほど複雑だということです。

僕は、もう一つ大きな理由があったと思っています。もしかしたらその方が本質だったかもしれません。それは、コンピュータがそのまま脳をめざしていたら、そしてそのために莫大な研究予算がついていて、世界中のコンピュータ科学の研究者がその方向に必死で研究していたら、もしかしたら2003年に鉄腕アトムが生まれていたかもしれないということです。

しかし、実際は1980年代半ばから、コンピュータは別の道をめざしました。少なくともその時点でめざす方向は鉄腕アトムではなかったのです。その方向の一つがインターネットでした。鉄腕アトムの漫画にはインターネットは登場していません。

もう一つの問題意識、第五世代コンピュータはなぜうまくいかなかったかについても、すでに述べました。二つの問題意識の答えは同じ意味だったのです。第五世代コンピュータは脳をめざしましたが、その後のコンピュータは社会をめざすようになりました。この大きな流れの変化に日本が取り残されてしまったのです。

そして社会が情報化され、さらには実世界のすべてのモノがネットワークにつながれてビッグデータの時代になると、それをふたたび活用するために人工知能が注目されるようになりました。1980年代とは環境が大きく変わったのです。この新たな流れにまた取り残されないこと、それがいまの日本に問われています。個人的には悲観的ですが。

コンピュータは
まだまだ進化する

このようにして、1946年にほぼ僕と同時期に誕生したコンピュータは、着実に進化して社会を変えていきました。それを目撃できたことは幸いでした。僕の人生はそろそろ終わりますが、コンピュータはそうではありません。まだまだ進化します。

一方で、このように戦後のわずかの期間でのコンピュータの進化は驚異的です。これを情報革命と名づけることとすれば、それは人類の長い歴史においてどう位置づけられるのでしょうか。次の第3講では、もう少し長いスパンの100年単位で、コンピュータがもたらした情報革命を時代に位置づけていきたいと思っています。

第3講 コミュニケーション技術の進化を100年単位で俯瞰する

情報メディア技術の発展を、10年単位、100年単位、1000年単位で、歴史の流れのなかに位置づけて、これからの方向を探ってみようということで、3回シリーズでお話ししています。本講はその2回目、100年単位です。

1——まずは今回の問題意識から

まずは、今回の話をするきっかけとなった僕の問題意識です。

2001年になぜ宇宙の旅はなかったのか

問題意識の一つは「2001年になぜディスカバリー号は宇宙の旅にとびたつことができなかったのか」です。これだけで何のことかわかった方もおられるかと思いますが、『2001年宇宙の旅（Space Odyssey）』の話です。ある年輩以上の人には古典的とも言える映画、あるいは小説になっているものです。1968年、原作はアーサー・C・クラークで、同じ年に、原作と映画がほぼ同時進行だったのですが、有名なスタンリー・キューブリッ

●**2001年宇宙の旅**［決定版］
アーサー・C・クラーク著
伊藤典夫訳
早川書房1993

クが映画化しました。

まだ読んでいない方、あるいは映画を観ていない方のために少しだけ紹介すると、この物語は2001年にはすでに人類が月で生活していることを前提に始まります。冒頭にサルが出てきますが、そのすぐ後に月が舞台となります。その月で、モノリスという、厚さ：横幅：高さがちょうど1：4：9になっている石碑が見つかります。そのモノリスが木星（原作では土星）へ向けて強力な信号を発信しているらしいということで、ディスカバリー号に乗ってそれを木星に探りに行くという話が『2001年宇宙の旅』です。

そこでいろいろなことが起こるのですが、その話は別として、ここで注目したいのは、2001年に、当然のように人類が月で生活しているということです。じつは当時の人はそう予想していたのです。ところがそれをはるかに過ぎたいまになっても、月には誰も住んでいません。

この映画が作られた1968年というのは特別な意味があります。その翌年の1969年にアポロ11号で人類が月面着陸に成功しました。歴史的な快挙でした。1957年にソ連がスプートニク1号という人工衛星を初めて打ち上げました。直径わずか数十センチでした。そのスプートニクからわずか12年後に、とんでもなく大きなロケットで人類が月に行き、そして戻ってきたのです。

●たった12年で！

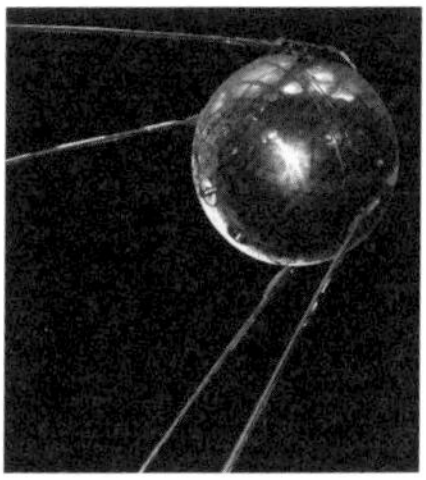

スプートニク1号打上げ
1957年10月4日

アポロ11号月面着陸船
イーグル
1969年7月20日

わずか12年でそれだけの技術の進化があったということは驚きでした。12年でこれだけの進歩があるのだったら、それをそのまま延長すれば、2001年には当然人類が月で生活しているはずだと思ったのです。僕もそう思いました。ところがそうならなかった。それはなぜかという問題意識です。

情報分野のドッグイヤーは特別だったのか

問題意識はもう一つあります。いま情報通信技術ICTはめまぐるしい勢いで進化しています。ドッグイヤーとかマウスイヤーという言い方もあります。情報分野の進歩の10年は他の技術分野の進歩の数十年に等しい、ということです。

ご存じの方も多いと思いますが、「ムーアの法則」というものがあって、コンピュータは1年半で2倍、5年で10倍、10年で100倍というスピードで発展してきました。もともとこれは半導体の集積度

●ムーアの法則
情報技術（半導体の集積度）は、1年半で2倍、5年で10倍、10年で100倍の速度で進化している

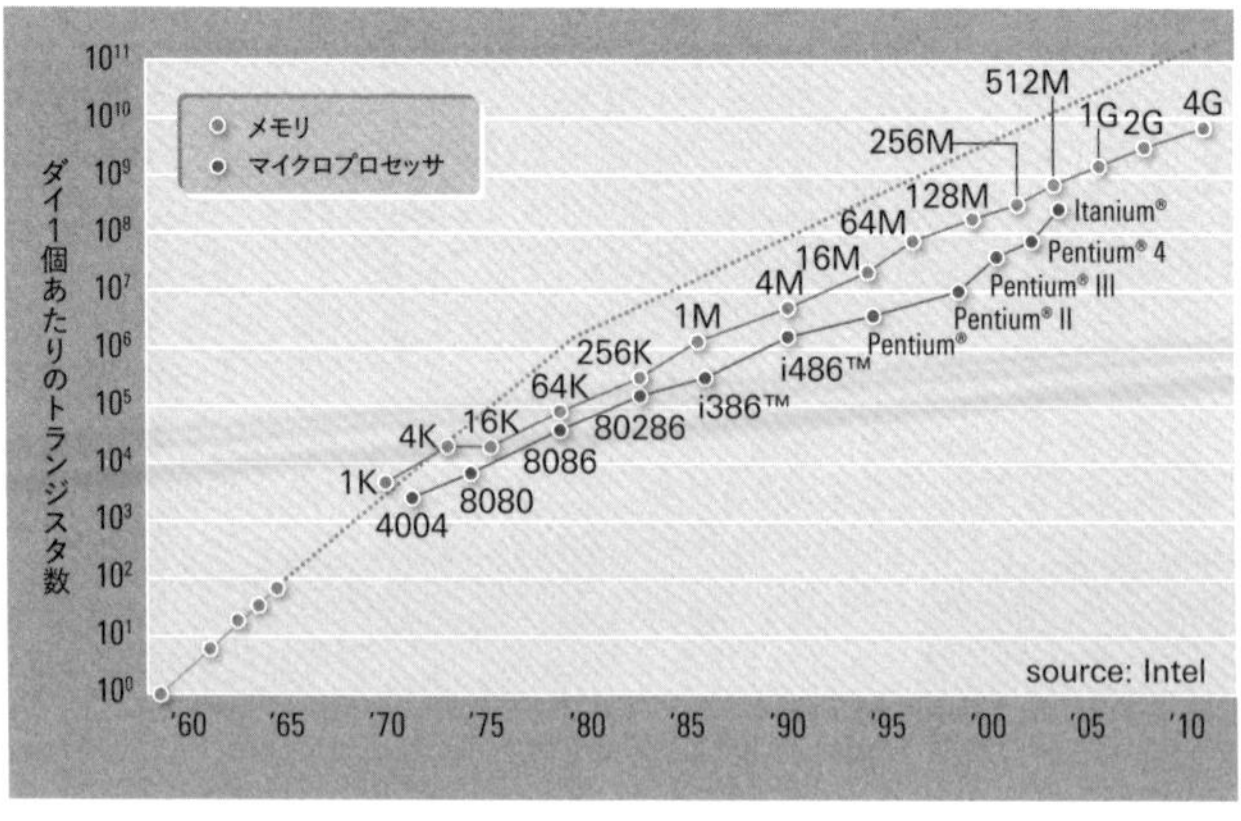

のことですが、いずれにせよ、とんでもないスピードです。このスピードはいったい何なのか。このような発展のスピードが、果たして他の技術にあったのか、歴史的に珍しいことなのか、それを少し広い範囲で眺めてみたいというのが、本講の目的です。

2——100年後は予測できるのか

これから大雑把に19世紀、20世紀、21世紀にわたって、100年単位で技術の流れを眺めます。おそらく皆さんは、いまドッグイヤーで発展している情報技術の進歩を100年単位で見るなんて、果たして可能なのかと思うでしょう。そもそも100年先を予想するなんてできるのでしょうか。

報知新聞の100年後の予言

じつはいまの技術の進歩は100年前に予言されているのです。100年少し前の1901年、20世紀になった年の正月に、報知新聞が紙面でとんでもない予言をしています。

二十世紀の豫言（二）

▲鐵道の速力　十九世紀末に發明せられし蒸氣機關の機關車は大成せられ列車は小家屋大にてあらゆる便利を備へ乘客をして旅中にある感なからしむべく啻に冬期室内を暖むるのみならず暑中には之に冷氣を催すの裝置あるべく而して速力は通常一分時に二哩急行ならば一時間百五十哩以上を進行し東京神戸間は二時間半を要し又た今日四日半を要する紐育倫敦間は二晝夜にて通ずべし又た動力は勿論石炭を使用せざるを以て煤煙の汚水無くまた給水の爲に停車すること無かるべし

●二十世紀の豫言
報知新聞（1901. 1. 2–3）

「二十世紀の豫言」、20世紀中にこのようなことが実現するという予言です。1月の2日と3日の二日間にわたっての記事ですが、その1月3日号の最初のところに「鉄道の速力」という項目があります。すなわち、

「十九世紀末に発明せられし葉巻煙草型の機関車は大成せられ列車は小家屋大にてあらゆる便利を備え乗客をして旅中にあるの感無からしむべく爲に冬期室内を暖むるのみならず暑中には之に冷気を催すの装置あるべく而して速力は通常一分時に二哩急行ならば一時間百五十哩以上を進行し」、そしてここがすごいのですが、「東京神戸間は二時間半を要し……」と、東京-神戸間は2時間半で行くと書いてあります。当時はおそらく16時間くらいかかっているはずです。それが2時間半で行くと予言しているのです。

このような予言が全体で23項目あります。もともとの並びとは違いますが、テーマごとにまとめて紹介します。

まず交通関係では

① 鉄道の速力：鉄道は暖冷房完備で、東京-神戸間が2時間半。
② 7日間で世界一周。文明国民は1回以上世界漫遊。
③ 市街鉄道：文明国では街路上の市街鉄道がなくなり、地下や空中を走る。

④ 自動車の世：自動車が廉価になり、馬車はなくなる。
⑤ 空中軍艦空中砲台：空中船が発達して、空中軍艦・砲台による空中戦争。
⑥ 鉄道の連絡：鉄道は五大州を貫通。

通信関係では次のような予言があります。

⑦ 通信：東京にいる人がロンドン・ニューヨークの友人と自由に対話。
⑧ 遠距離の写真：東京にいながら欧州の戦争状況を瞬時にカラーで写真に撮れる。
⑨ 伝声器の改良で、十里離れた男女が情話。

これらは実現しています。別に情話である必要はないのですが、これは要するに大きな声を張り上げないでも、ひそひそ話ができるという意味だと思います。

それから、

⑩ 電話口に対話者の肖像がでる装置ができる。
⑪ 写真電話で遠くの品目を鑑定して売買し（まさに実現しています）、地中鉄管にて瞬時に配達（これはまだ実現していません）。

さらに、生活面では、

⑫ 暑さ寒さを調和するため適度の空気を送り出す新器械が発明される。
⑬ 衛生事業の進歩により蚊と蚤はしだいに滅亡。
⑭ 家庭に無教育の人がおらず幼稚園は廃止、大学卒があたりまえ。
⑮ 犬と話が自在、学校には獣語科、下女下男は犬がつとめる。

この幼稚園廃止は変だと思ったのですが、当時は家庭では親に教育がないからまったく教育ができない。したがって幼稚園がある。親がみんな大卒になれば幼稚園は要らなくなるだろうという予言です。その意味ではあたっています。犬と話が自在にできるというのはすごいですね。

そしてエネルギーや医学関連では

⑯ 薪炭、石炭ともに渇いて、電気が燃料となる（まさにいまそうです）。
⑰ 電気の輸送：日本は琵琶湖、アメリカはナイヤガラで水力発電し、全国に輸送。
⑱ 医学：運動術と外科手術の効によって、人の身体は6尺（180cm）以上。
⑲ 薬の飲用はなくなり電気針の注射、顕微鏡とX線による病原摘発（薬はまだあるけれども、かなりこれに近くなっています）。

⑳ 電気による野菜成長でそら豆は橙《だいだい》ほどの大きさ、グリーンランドでも熱帯植物。

さらには、

㉑暴風雨を予測し大砲により消滅。地震予知は困難なので耐震建築。

暴風雨を消滅できれば被害はなくなりますね。残念ながら実現していません。

一方で地震予知は、まさにいまを言い当てています。

㉒ 野獣は大都会の動物園だけでわずかに余命を継いでいる。

㉓ サハラ砂漠は沃野となる。（これは間違っています。いま逆の方向に向かっています）

以上の23項目です。かなり当たっています。びっくりするくらいです。とくにズバリ当たっているのは、東京–神戸が鉄道で2時間半。根拠は書いてありません。もちろん当たっていないものもあります。たとえば犬と話が自在、暴風雨を大砲で消滅などは実現していません。

何が予言できて
何を予言できなかったのか

いったい何が当たっていないのでしょうか。これに何か法則はあるのでしょうか。傾向を見ると、交通・通信分野はかなり当たっています。鉄道の話、自動車の話は当たっています。逆に広い意味で自然が関係しているものは当たっていません。動物と対話ができるとか、自然を制御できるとか、台風を消滅させられるとか、いずれもあまり当たっていません。

さらには、もし「二十世紀の豫言」に記されていればかなりの話題になったはずですが、残念ながら触れられていないものがいくつかあります。航空機のことはまったく触れられていません。空中戦の話はありますが。それからコンピュータもありません。人類初の月面着陸が20世紀中に実現すると書いてあったら特筆すべき予言になったでしょうが、これもありません。

考えてみると、ある意味ではあたりまえかもしれません。それぞれの年代を見ると、鉄道の実用化は1825年、自動車の発明は1885年で、1901年の時点ではすでに登場しています。それを延長すれば20世紀中にはここまで発展するだろうという予言です。

一方、有名なライト兄弟の動力飛行は１９０３年です。１９０１年にはライト兄弟はまだ飛んでいなかった。要するに存在しなかったわけです。コンピュータは１９４６年、人類初の月面着陸が１９６９年ですから、もちろん存在しません。

簡単に言ってしまうと、19世紀に登場した技術は、その発展・延長として１００年後をそれなりに予想できた。一方で、20世紀になって登場した技術は予想できなかったという、あたりまえといえばあたりまえのことだったのです。

3——19世紀と20世紀を振り返る

もう少し詳しく調べてみましょう。20世紀の初めの１９０１年に予言できたことと予言できなかったこと、それをきちんと区分けするためには、その前の19世紀がどのような時代であったか、その後の20世紀がどうであったかを把握しておかなければなりません。振り返ってみましょう。

19世紀は産業革命によって近代が始まった時代

19世紀は政治的には激動した世紀でした。その直前の18世紀末にアメリカ独立宣言、あるいはフランス市民革命がありました。そしてナポレオンの時代を経て、19世紀はヨーロッパの諸国が国民国家として力をつけて、列強がアジアやアフリカに進出して植民地の争奪をした時代でした。

もう一つ忘れてはいけないのは産業革命です。その前の18世紀の後半にジェームス・ワットによる蒸気機関の改良があって、19世紀前半にヨーロッパ全体で産業革命が進行しました。とくにその第二次産業革命として動力革命があって交通技術が発達しました。ちょうど同じころに通信技術も発達しました。これにより世界が小さくなった時代が19世紀です。

●ワットの蒸気機関
1784年にイングランドのボウルトン・アンド・ワット社が設計した蒸気エンジンを示すスケッチ

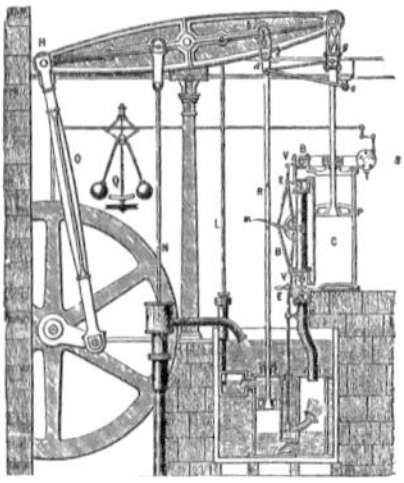

19世紀における交通の発達の歴史

ここで簡単に、蒸気機関に始まる交通の歴史の話しをさせていただきます。

交通機関が発達した最初のきっかけはワットの蒸気機関です。厳密に言うと蒸気機関を発明したのはワットではないのですが、回転機構を取り入れるなど蒸気機関を実用的に改良しました。１７６９年とされるその功績は画期的でした。私たちは電気で１００ワットという単位をあたりまえのように使っていますが、そのワットです。

蒸気機関によって19世紀前半は鉄道の時代になりました。蒸気機関を使った鉄道、これも完全な発明ではなくて改良といったほうが正確なのですが、スティーブンソンの蒸気機関車の実用化が１８１４年です。そのわずか10年後にイギリスで鉄道が開通しています。そしてあっという間にヨーロッパ全体に広がっていきました。具体的には、１８２５年にイギリス、１８３２年にフランス、１８３５年にドイツで鉄道が開業しました。

たとえばフランスでは、１８５０年の鉄道網はわずかですがその後30年でフランス全土に鉄道網が敷かれています。まさにめざましい進歩でした。去年は隣町まで、そして今年はうちの町まできた。鉄道網が敷かれることはまさに文明開化でした。私たちはいまイン

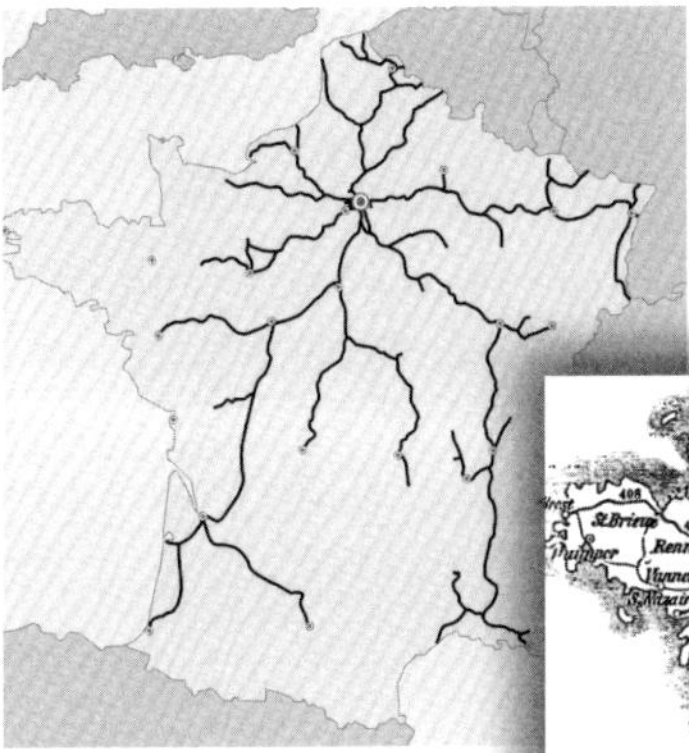

●フランスにおける鉄道網の発展
©ベンジャミン・スミス／ウィキメディア・コモンズ

ターネットが急速に広がったことに仰天していますが、当時はまさに鉄道がそうだったのです。

蒸気船もそうでした。蒸気船は少し早く、1807年にフルトンが試運転に成功しました。最初は外輪式だったものが、スクリュープロペラ式になって、1894年に蒸気タービンができました。有名な黒船は蒸気船ですが、もし蒸気船がなかったら日本の明治維新はもっと遅かったかもしれません。鎖国がもっと長く続いていたかもしれません。それまでの船は風まかせ、あるいは人力に頼っていましたが、蒸気船になることによって歴史が変わったのです。

なお余談ですが、19世紀の交通の歴史において、1869年は特別な年でした。その年の5月10日にアメリカ大陸横断鉄道が開通しました。また11月17日にはスエズ運河が開通しました。陸路と海路の双方で、世界は小さくなりました。

そして、19世紀後半に自動車が登場しました。1886年にダイムラーが発明しています。おそらく初期の自動車は、街を走ると人だかりになって話題性はあったと思いますが、それほど普及していませんでした。広く普及したのは20世紀になって、1913年のフォードT型の登場からです。

自動車に関しては、21世紀になって電気自動車が注目されています。蒸気機関車に対して電気機関車が画期的だったのと同じように、それに相当する意味を、電気自動車はこれから持つようになると思います。日本の産業構造が電気自動車によって大きく変わるかもしれません。おそらく自動車における日本の優位はなくなります。これは電子機器におけるアナログとデジタルと同じ話で、アナログは技術力の差が本質的に重要でしたが、デジタルになって誰でもできるようになってしまいました。自動車も同じです。いままでは日本の技術力は素晴らしいものがありましたが、誰でも安く生産できるようになると日本は危なくなります。

話が少しずれました。まとめると下図のようになります。交通技術に関しては、19世紀から20世紀になるときにはすでにその礎がありました。礎があったから、たとえば鉄道に関して東京–神戸間が2時間半になることが（具体的な2時間半という数字は別として）予言できたのです。自動車は、その普及は20世紀になってからでしたが、すでに19世紀に登場していました。１９０１年の「二十世紀の豫言」では、その重要性をしっかり認識していました。20世紀は馬車がな

●交通技術の発展

	鉄道		自動車	
19世紀	1814	蒸気機関車		
	1825	鉄道開通（欧州全体へ）		
	↓			
	1879	電気機関車		
	↓		1886	ダイムラー（独）
20世紀	↓		↓	
			1913	フォードT型
		東京神戸列車で2時間半		馬車がなくなり自動車の世

くなって自動車の世になると。

19世紀における通信の発達の歴史

もう一つは通信の歴史です。これは第1講でも述べたので、簡単に振り返ることとします。

交通の発達は蒸気機関の発明から始まりました。通信の発達でこれに相当するのは、1800年に発明されたボルタの電池です。それまでの電気は摩擦電気を中心とする静電気でしたが、これにより安定して電流を流せるようになりました。まず1830年代に電信として実用化しました。その貢献者がモールスです。通信をおこなうためには、トン・ツーがどのような情報と対応しているか、約束事を決めておかなくてはいけません。モールス符号が考案されました。1837年のことでした。これはあっという間に広がりました。

このように振り返ると、1830年代はすごい時代だったと思います。交通手段は、馬車から鉄道になりました。通信手段もそれまでの手紙から電信になりました。これは画期的なことでした。1000年以上続いてきた馬車と手紙というコミュニケーション手段が、1830年代に大きく変容を遂げたのです。時代を大きく変えました。

19世紀後半に入ります。1870年代に電話技術が登場しました。1876年2月14日、わずかの差でアレクサンダー・グラハム・ベルが特許を取得したことは第1講で述べたとおりです。これもあっという間に広まりました。

このようにして、19世紀前半には電信、19世紀後半には電話が登場しました。そして、19世紀もかなり終わりになるのですが、歴史に残る発見と発明がなされました。電波の発見と無線通信への応用です。

電波（電磁波）は1871年にマクスウェルという物理学者が、それまでの電磁気学を体系化して4つの方程式にまとめ、それを解くことによって存在が予言されました。そして1888年にヘルツが電波を実際に実験で発見して、その直後から無線通信への応用が試みられました。具体的には、1895年にマルコーニが、無線電信の公開実験を成功させて、2年後には自ら会社をつくって実用化しました。その4年後には大西洋横断無線通信も実現しています。

このような19世紀における通信技術の歴史をまとめると、下図の

●通信技術の発展

	電信・電話		無線技術	
19世紀	1837 ↓	モールス電信機		
	1873 ↓	ベル電話機		
	↓		1895	マルコーニ（伊）
20世紀	↓		1901 ↓	大西洋横断無線通信
	↓	電話口に対話者の肖像がでる装置ができる		東京・ロンドン間で自由に対話

ようになります。電信と電話は19世紀の間に発展していましたから、1901年にはその未来をある程度予測できました。それが「電話口に対話者の肖像がでる装置ができる」というテレビ電話の予測になっています。

無線技術も、1901年の直前にその可能性が示されましたから、将来は「東京・ロンドンで自由に対話」できるようになるとの予測ができました。

20世紀前半は航空技術 後半は宇宙技術

そして20世紀です。20世紀になってから登場した技術は1901年には予想できませんでした。どのようなものがあるのでしょうか。交通技術に関して言えば、20世紀前半に航空技術の飛躍的な発展がありました。先ほど紹介したとおり、1903年にライト兄弟が動力飛行を成功させました。グライダーのような風まかせではなくて、空を動力で飛行できるようになったのです。その20年後にはリンドバーグが大西洋横断に成功し、1949年にはジェット機が生まれています。そしていま私たちはあたりまえのように航空機に乗っています。19世紀にはまったくそういうものは存在しませんでした。存在しないものは予想できなかったということです。

20世紀前半が航空機の時代であったとすれば、後半は宇宙技術の時代でした。1957年、ソ連がスプートニクと呼ばれる人工衛星の打ち上げを成功させました。このとき僕は確か小学校6年だったと思います。鮮烈に覚えています。小学校の卒業文集に次のようなことを書きました。「ソ連が人工衛星を上げた。そのあとすぐにアメリカも上げた。これからは宇宙の時代になる。宇宙の時代になれば地球上で戦争をしているなんてばからしくなるだろう。これから平和な時代が来る。来させなければいけない」と。

僕は本気で宇宙の時代になると思っていました。実際、そのわずか12年後にアポロ11号で、人類は月に行き、そして地球に帰ってきました。たった12年でこれだけの進歩があったのだから、これをそのまま延長すると、2000年頃には僕はもしかしたら月に住んでいるかもしれない。冒頭で『2001年宇宙の旅』の話をしましたが、当時はかなりの人がそう信じていたのです。

4——技術には旬があった

いま、コンピュータがとんでもない勢いで進歩しています。これは特別なことではありません。交通技術、通信技術それぞれに、同じように急速に発達した時代がありました。ひとことで言えば、それぞれの時代に技術の旬があったのです。

1969年は交通技術の絶頂期

交通技術では、19世紀にあっという間にヨーロッパ全体に鉄道網が敷かれました。鉄道技術の旬です。20世紀前半には航空技術の旬がありました。そして20世紀後半は宇宙技術の旬でした。

1969年のアポロ11号による月面着陸は画期的なできごとでした。じつはこの1969年には、交通技術に関して他にも記念すべきことがありました。コンコルドの初飛行がやはり1969年です。コンコルドは英仏が共同で開発した夢の航空機でした。航空技術のピークであったのです。さらに言えば、もう忘れられているかもしれませんが、原子力船「むつ」の進水が同じ1969年でした。まさ

●技術には旬があった

に1969年は、交通技術の絶頂期だったのです。

ここで面白いことに気づきました。いま1969年に注目していますが、その100年前の1869年は、19世紀の交通技術の記念すべき年でした。その年に陸ではアメリカ大陸横断鉄道が開通し、海ではスエズ運河が開通しています。そしてそのさらに100年前の1769年にはワットの蒸気機関の改良がなされています。まさに交通の歴史では、100年ごとの「1＊69年」は記念すべき年だったのです。

技術の旬は長く続かなかった

いま述べたように1969年は交通技術の絶頂期でしたが、それは長続きしませんでした。アポロ計画は11号で月面着陸をしましたが、その後13号で事故を起こし、もともと20号まであった計画が17号で、1972年に中止になりました。理由は簡単です。予算がない、それだけです。もっと安くあげなければいけない。それにはどうしたらいいか。何回も使い回しができるものにしようということで、スペースシャトルになりました。そのスペースシャトルもいまはありません。さらに言えば、現在はアメリカの宇宙開発は国家事業ではなく、民間にまかされています。

コンコルドも、1969年に初飛行をしましたが、騒音もあって難航し、2000年に墜落事故がありました。そして、2003年に最後の営業飛行があって姿を消しました。原子力船「むつ」も、1974年に放射能漏れを起こして、そして廃船になって最終的に全部解体されたのが1993年です。いま原子力船はありません。

交通技術に代わって情報技術が旬へ

僕はその頃から、技術の旬は交通技術から情報技術に移っていったという見方をしています。具体的には、1968年から1969年に、これは前講でお話ししたことですが、いまの情報の時代の基になっている技術の源流がまとめて出ています。

ダグラス・エンゲルバートは、1968年にNLS（oN Line System）という対話型コンピュータのデモをしました。そこにはいま私たちがあたりまえのように使っているマルチウィンドウとか、マウスとかが実装されています。同じ1968年にアラン・ケイがダイナブックという名称でパソコンのコンセプトを示しています。パソコンはA4判でなければいけないとか、無線機能付きでなければいけないとか、ポータブルでなければいけないとか、そのようなアイデアがすでに提案されています。さらには、翌年の1969年にARPANETが運用開始しました。これはいまのインターネットの源流となりました。

こうして、1969年に交通技術が絶頂期を迎え、主役は情報技術に移っていきました。その意味で1969年は面白い年でした。もう一つ付け加えると、1969年は安田講堂の事件があった年でした。僕が大学院の修士1年のときです。

5――なぜ技術の旬があるのか

技術には旬があります。この旬はなぜあったのでしょうか。僕は歴史の必然だったと思っています。

技術の旬は歴史の要請であった

技術の旬は、たまたま技術が進歩してそうなったのではなく、歴史がその技術を要請していたのです。

　やや大げさに言いますと、それは世界の覇権争いに関係していました。かつて、モンゴル、オスマントルコの時代は陸を支配した国が世界を制覇しました。そのあと、スペイン、ポルトガル、オランダ、フランスと、海を支配した国が世界を制覇するようになりました。それにともなって航海術が発展しました。海の時代を勝ち残ったのが英仏の第二次百年戦争を制したイギリスでした。そのイギリスに産業革命が起きて、鉄道技術と蒸気船技術が発達し、通信技術が進歩して世界は狭くなりました。イギリスは大英帝国を築きました。そして帝国主義の時代となりました。産業革命と帝国主義は、ある意味では表裏一体で、交通技術と通信技術がサポートしたのです。

　20世紀になって、陸と海に代わって空を支配した国が世界を制覇するようになりました。20世紀前半の二度の世界大戦によって航空機技術が進歩しました。航空機技術は世界大戦がなければこんなに早く進歩しなかったと思

●世界の覇権争い

▸陸の支配
モンゴル（13-14c）
オスマントルコ（15-16c）

▸海の支配（航海術）
スペイン・ポルトガル（16c）
オランダ（17c）
フランス・イギリス（18c）

――産業革命・帝国主義――
（鉄道技術・通信技術）

▸空の支配（航空・宇宙技術）
世界大戦　英仏米⟷独伊日
東西冷戦　米⟷ソ

――情報革命――
コンピュータ技術
ネットワーク技術

▸ネットワークを支配（情報技術）

います。そして20世紀後半、東西冷戦の時代となりました。東西冷戦はじつは制空権の戦いでした。大陸間弾道弾、つまりミサイルをどちらが遠くまで飛ばせるかの戦いで、空を支配した国が世界を制覇する時代でした。

そのようなときに、ソ連が先に人工衛星を上げてしまったのです。これはアメリカから見れば大変なことでした。人工衛星で空を支配されたらアメリカは負けます。アメリカは国をあげて宇宙開発に乗りだしました。予算に糸目はつけませんでした。宇宙開発というよりも宇宙戦争です。宇宙技術がめざましい勢いで進歩して、その結果として月まで行ってしまいました。1969年の人類初の月面着陸は、まさに時代が宇宙技術を求めていた。その結果だったのです。

ところが、その後時代は変わっていきました。東西冷戦の勝敗がしだいにはっきりしてきたのです。理由はいろいろありますが、ソ連がおかしくなってきて、アメリカの勝ちが見えてきました。アメリカの勝ちが見えると、宇宙技術にお金をかける必要はまったくありません。予算がないという理由で切り捨てられました。これによって宇宙技術は失速しました。『2001年宇宙の旅』の予測に反して、いま月には誰も住んでいません。宇宙技術の背景を見れば、それは当然のことなのです。

代わって、情報が泳ぎまわる海、情報が飛びかう空としてのネットワークの時代となりました。これからはネットワークが世界支配のために本質的な役割を果たすということが、認識されるようになりました。これを背景に、情報技術が旬の時代になったのです。

アメリカはネットワークによって世界の覇権を握ろうとした

1980年代後半から90年代にかけてマルチメディアが騒がれた頃、いろいろな話題がありました。それは、まさにアメリカがネットワークによって世界の覇権を確保しようとする動きでした。たとえば1993年、当時のクリントン政権のゴア副大統領が「情報スーパーハイウェイ構想」を提唱しました。ゴアは、そのあと地球環境問題でノーベル平和賞もとりましたが、かなり先見性のある方だったと思います。ゴアの父親も上院議員で、アメリカのハイウェイ整備に尽力した人物と言われています。その息子であるゴアが、これからは情報が走り回るハイウェイが国家基盤になると主張したのです。車も重要だが、これからは情報が重要だという構想です。この構想に刺激されて、結果として民間主導でインターネットの整備が進められました。

また、1996年にはジョセフ・ナイが、「核の傘から情報の傘へ」という主張をしています。

●1994年、当時の米国副大統領アル・ゴア
「情報スーパーハイウェイ構想」を語る

それまではアメリカは核の傘によって世界平和に貢献してきたが、これからの時代はそうではない。むしろ核ではなくて情報なのだと。「ハードパワーからソフトパワーへ」という言い方もしています。情報の時代をきちんと担うことによって世界平和に貢献するのだという、そういうことをジョセフ・ナイは主張したのです。

ある意味でアメリカはうまくやったと思います。インターネットの整備も軍事としてであったら反発されたでしょう。民間主導だったので爆発的に普及しましたが、結果的にアメリカの世界制覇のなかに位置づけられます。なかには、インターネットによる英語帝国主義と言う人もいます。実際、「これから世界は平和になる。ネットワークによって平和になる。なぜかというと、インターネットが普及すれば世界中の人が英語を使うようになる。英語を使うようになれば言語のギャップがなくなる。コミュニケーションできるようになる。世界は平和になる」という非常に単純な論理が展開されたこともありました。もちろん、たとえばフランスは怒りましたが。

いずれにせよ、情報は世界制覇に非常に重要な役割を果たすという認識が高まってきました。そのような時代を背景にして、いま情報技術があるのです。かつての鉄道技術、航空技術、宇宙技術と同様に、いま情報技術が旬なのです。

●米国の政治学者
ジョセフ・ナイ
1996年
「核の傘から情報の傘へ」
としてハードパワーから
ソフトパワーへを語った
（写真は2011年）©Flickr

6——情報革命の時代へ

こうして情報の時代となりました。たとえばメディアも、新聞や放送などのマスメディアに加えてインターネットが普及して多様化しました。その情報メディアも時代の要請によって変わったのですが、いまは逆に情報メディアが時代を変えています。

いま情報メディア技術が時代を変えている

たとえば、1989年のベルリンの壁の崩壊にも、情報メディアが関係していたと言われています。国境を越えたテレビの映像の存在です。電波は国境を越えます。国の内部の情報だけではなく、外から生の情報が電波を通じて入ってきます。それがベルリンの壁の崩壊につながったという話です。

2010年から2011年にかけてチュニジアで起きたジャスミン革命（アラブの春）は、インターネットにおけるSNSが重要な役割を果たしたとされています。それによって国民の意識が変わって、独裁政権を倒していく、そのような歴史を変える力が情報メディア

●ベルリンの壁の崩壊
1989年11月10日、国境を越えたテレビの映像が重要な役割を果たした
撮影：Sue Ream

にあります。もちろん、それには社会のある程度の成熟が必要で、アラブの春は他の国では必ずしも成功していません。

さらには、2020年に始まったロシアのウクライナ侵攻でも、情報技術が戦争を大きく変えました。コンピュータ制御の無人機が戦力となり、戦地の状況がほとんど時間遅れなしに、映像としてネットを通じて世界に流されました。

まさにいま情報技術が旬です。重要なことは、それは決して単なる一過性のブームではなくて、繰り返しますが歴史の必然であるということです。マルチメディアが騒がれた1980年代後半、これは単なるブームではないかと言われたことがありました。たしかに当時さまざまなブームがありました。マルチメディアの時代の前にニューメディアがあり、第二次のAIブーム、ファジーブームやニューロブームもありました。それぞれ非常におもしろい技術であるし、それぞれの関連の学会はいまでも重要な活動をしています。技術が生き返って次の時代を拓くこともあります。

でもブームそれ自体は去っていきます。よく言われた話は、エアコンにその名前がつくとブームは去る。AIエアコンというのが出ました。ニューロエアコンも、確かファジーエアコンも出ました。そのうちマルチメディアエアコンが出るだろう。そうなるとマルチメディアのブームは去っていくだろうと。

●**ジャスミン革命**（チュニジア）
2010-2011年、インターネットでのSNSが重要な役割を果たした
撮影：M. Rais

マスコミはブームをセンセーショナルにとりあげます。新しい言葉に飛びつきます。それが5年10年経つとニュース性がなくなりますから、その重要性が続いていたとしても、「もうそれは古い」となります。マスコミは、ブームを持ち上げて、そして引きずりおろす。変化を作ればニュースになりますから、二度おいしい汁を吸います。あるいは、名前には賞味期限があるとのことで、本質は変わってなくてもわざと名前を変えることをします。マルチメディアの流れは、あるときはIT革命と呼ばれ、インターネット、モバイル、ユビキタス……と、少しずつ主役は変わっていますが、途切れることなく続いてきました。時代の要請があったからです。

いま情報革命が進行している

革命という言葉を使うと、専門家の方から「単なる革新を革命という言葉でセンセーショナルに呼んではいけない」と注意されます。しかし、情報の時代の到来はまさに革命であったと思っています。情報革命です。21世紀になって、この情報革命がさまざまな分野で進行しています。

たとえば経済はすでに情報で動いています。その典型が金融経済です。金融資本主義という人もいます。これは実体経済と分離して肥大化しました。それをリードしたのがアメリカでした。アメリカはいま大変な貿易赤字ですが、それでも何とかなっているのは、金融市場が貿易黒字国の利益をアメリカに還流するしくみになっているからだとする見方もあります。一方でそれはいまの経済の不安定要素になっています。サブプライムローン問題（2007）やリーマンショック（2008）がありました。似たようなことがこれから起こるかもしれません。

人々の生活も情報の時代になって大きく変わりました。いまスマホがない生活は考えられません。電車の中でも、かつては新聞や週刊誌を読んでいる人がかなりいました。いまはほとんどがスマホに熱中しています。まさにスマホ漬けになっています。この流れを巨大企業であるGAFAが牽引しています。ご存知のようにGAFAは、検索エンジンから始まったグーグル（Google）、スマホなどの携帯情報端末市場を握っているアップル（Apple）、ソーシャル・ネットワーキング・サービス（SNS）のフェイスブック（Facebook）、そして書籍のネット販売から始まって、それを電子商取引全般に広げたアマゾン（Amazon）です。

この他にも、ドイツはインダストリー4・0と呼ばれる製造業の情報革命を国策としています。日本でも、2016年度に始まった第5期科学技術基本計画では、情報技術で社会全体を変えていくことが謳われています。ソサエティ5・0と呼ばれています。

7――情報革命は歴史にどう位置づけられるのか

このような情報革命は歴史にどう位置づけられるのでしょうか。

情報革命は産業革命の総仕上げである

一つは、情報革命を18世紀末に始まる産業革命のなかに位置づける考え方です。産業革命の総仕上げと言ってもよいかもしれません。

産業革命は、第○次産業革命という言い方でその発展が説明されることが多いのですが、最近この言い方が安売りされて混乱をきたしているようなので、ここでは使いません。代わって、産業革命の発展を三段跳びという形で勝手に説明しています。

三段跳びにはホップ・ステップ・ジャンプがあります。

その第一段のホップが19世紀から20世紀前半にかけて進行した動力革命です。これは交通、特に鉄道の普及と同期して起こりました。鉄道を敷くにはレールが必要であり、レールを敷くためには鉄が必要になります。鉄鋼業が発達しました。また、そのためにはエネルギーが必要になりました。それらがいろいろな形で繋がって、交通、重化学工業、さらに素材産業が発展しました。かつての経済界は、このような重化学工業、鉄鋼業のトップがリーダーシップをとっていました。

動力革命はイギリスが先導して、19世紀から20世紀にかけてヨーロッパ全体に広がりましたが、この時期がちょうど建国と重なったのがソ連でした。革命が終わって、その後の国家プロジェクトとして計画的に重化学工業を中心とする工業化が進められました。

産業革命の三段跳びの第二段のステップにあたるのが、20世紀後半のエレクトロニクス革命です。1946年にコンピュータ、

●情報革命は産業革命の総仕上げであり、産業革命を超える

産業革命のホップ・ステップ・ジャンプ

▶**動力革命**（19世紀〜20世紀前半）
交通、鉄鋼業、重化学工業、素材産業

▶**エレクトロニクス革命**（20世紀後半）
半導体、電子・ハイテク産業

▶**情報革命**（21世紀後半〜）
ネットワーク上に社会・文化インフラを構築

情報革命は、産業革命に並ぶ革命

▶**農耕革命**（1万年前）
狩猟採集社会から農耕社会へ

▶**産業革命**（18世紀後半〜20世紀）
農耕社会から工業社会へ

▶**情報革命**（21世紀〜）
工業社会から情報社会へ

1948年にトランジスタができて、情報・ハイテク産業が時代をリードするようになりました。いまソ連の話をしましたが、ソ連の失敗はこのエレクトロニクス革命に乗り遅れてしまったことでした。逆に日本は戦後の復興とちょうどこのエレクトロニクス革命の時期が重なりました。エレクトロニクス産業によって、日本は世界をリードしました。西ドイツを抜いてGNPが世界第二位になりました。

ところがその先があります。産業革命は情報革命として第三段のジャンプしました。その中心にインターネットがあり、それをいまアメリカがリードしています。日本はこの流れに完全に乗り遅れました。ソ連が動力革命からエレクトロニクス革命に移行できなかったように、日本はエレクトロニクス革命から情報革命への移行に失敗しました。日本がエレクトロニクスで世界をリードしたという成功体験に引っ張られたのだと思います。よく「失敗は成功の母」と言いますが、僕は「成功は失敗の父」だと思っています。

情報革命は産業革命を超える

情報革命を産業革命の一部としないで、産業革命に並ぶ画期的な革命だとする考え方もあります。123ページの下図はこの立場から、人類の歴史における三大革命として情報革命を位置づけています。

人類の歴史において、1万年前に「農耕革命」がありました。これによって狩猟採集社会から農耕社会になりました。そして18世紀後半からの産業革命、これは農耕社会を工業社会へ変えました。「産業革命」です。そして三大革命の最後の革命が「情報革命」です。これによって工業社会はいま情報社会に移行しようとしています。

いずれにせよ、いままさに時代は情報革命のまっただなかにあるのです。

8――まとめ――情報の時代は続くのか

まとめに入ります。かつて、海の時代を勝ち残ったイギリスに産業革命が起きたように、空の時代を勝ち残ったアメリカに情報革命が起きました。そしていま、21世紀は情報の時代となっています。その時代を、いまアメリカがリードしています。

ここで主張したかったことは、「技術には旬がある。その旬は、決して技術の論理だけで決まるものではなくて、時代と密接な関係がある。それを認識しておかないと時代を見誤る」ということです。昔の成功に溺れていると、時代が変わったことに気づくことができません。

まとめとして少し整理しますと、19世紀は、鉄道・蒸気船、電信・電話の登場によって世界が小さくなりました。その背景には産業革命があって、列強による植民地争奪と技術の発展は密接に関係しています。20世紀はライト兄弟の動力飛行から始まりましたが、二度の世界大戦が航空技術を飛躍的に発展させました。戦後は東西冷戦を背景に宇宙技術の時代となりました。そしていま情報技術の時代となっています。戦後のエレクトロニクス技術によって情報メディアが発展を遂げて、その一つであるテレビは20世紀の終わりにベルリンの壁崩壊にも重要な役割を果たしました。いまインターネットは世界を変えようとしています。このように技術は時代と密接な関係を持っています。

この第3講では、いまは情報の時代、アメリカの時代だということで終わりました。その時代は長く続くのでしょうか。大英帝国としてのイギリスの覇権は続きませんでした。いまのアメリカの時代も未来永劫に続くとは思えません。それどころかいまのアメリカはおかしくなっているようにも見えます。

そのような歴史の流れを、より広く1000年単位で眺めて、そこに情報革命を位置づけてみようというのが次の第4講です。

第4講

情報文明を1000年単位で歴史に位置づける

第2講から第4講まで情報メディア技術の発展を10年単位、100年単位で歴史の流れのなかに位置づけて、3回に分けて話しています。今回は1000年単位です。タイトルを「情報文明を1000年単位で歴史に位置づける」とつけさせていただきました。この1000年という数字には、それほど意味はありません。プラスマイナス500年で、あわせて1000年くらいと思っていただいても結構です。内容的には、いまの情報の時代が歴史的に何を意味するのかを、中世から近代に至るかなり広いスパンで考えてみます。

1――500年後の歴史書に記されること

ここで考えようとしているのは500年先、あるいは1000年先の予言ではありません。むしろ逆です。未来から現在を振り返ります。たとえば500年後の歴史家が、いまという時代を歴史書に記すとしたら、いったいどう記すだろうか。それを一種の思考シミュレーションしてみようということです。500年後の歴史書ですから、いまの時代のために割くスペースはそれほどありません。その限られたスペースのなかにどのような文脈で記されるか。それを考えてみることにします。

まず、500年後の歴史書に必ず記されるであろうこと。言い換えると、いま起きていることで未来の歴史書に必ず載ることは何かを考えてみます。

まずは1946年にコンピュータが誕生したことは必ず載ると思います。これは第1講でも述べたように、グーテンベルクの活版印刷術の発明に匹敵するほどの歴史的なできごとでした。その前年の1945年に原島博が誕生した。これは絶対に載りませんね。

1969年には人類初の月面着陸がありました。月へ行くことは人類の夢でしたから、これも歴史に残る画期的な偉業として載るでしょう。もう一つ、あまり載ってほしくはないのですが、21世紀に環境問題が起きて、地球の生態系が大きく崩れたことも載るかもしれません。これについては、この後すぐに説明します。

いま、三つ挙げました。未来の歴史書に、1946年のコンピュータの誕生、1969年の人類初の月面着陸、そして21世紀の地球環境問題、この三つが載る可能性があるとしたら、それはどのような形で記されるでしょうか。単なる羅列をしたのではそれは歴史書とは言えません。しかも、それほど長い頁数がこのわずかな期間に割り当てられるはずはありません。そうすると、この三つのことを同じ段落のなかでどのような文脈で繋げていくことになるでしょうか。これによって、それぞれの出来事がどのような意味があったのかを探ります。

2——21世紀のシミュレーション

コンピュータについては第2講で説明しました。人類初の月面着陸については第3講で簡単に触れました。ここでは地球環境問題について、簡単に概観してみましょう。

ローマクラブの近未来のシミュレーション

下図は半世紀前の1972年に、ローマクラブという民間団体がMITに委託して、コンピュータで21世紀をシミュレーションしたものです。図の左半分が20世紀、右半分が21世紀になっています。工業生産と人口は、それぞれ20世紀は右肩上がりになっています。20世紀は成長の時代でした。しかし、この成長は21世紀には続きません。21世紀は20世紀とはまったく違った世紀になるということを、シミュレーション結果は示しています。

工業生産は、20世紀は成長したかもしれませんが、21世紀にピークがあります。そのまま飽和するだけではなくて、急激に下がります。そのようなシミュレーションです。それによって支えることのできる人口も21世紀は減っていきます。21世紀には、このような広

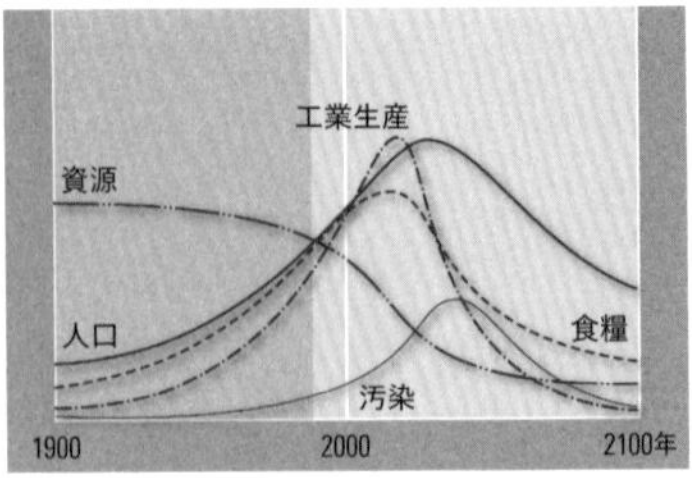

●21世紀のシミュレーション
（ローマクラブ1972）
出典：ドネラ・H・メドウズほか著
松橋隆治・村井昌子訳
『限界を超えて』
ダイヤモンド社 1992より
トレース

い意味での成長の限界が来ることをグラフは示しています。もしかしたらこれと類似のグラフが、実際に起きたこととして、将来の歴史書に載るかもしれません。

地球の資源が有限なので工業生産に限界がくる

工業生産が急激に落ちるのはなぜでしょうか。このことは、1972年にローマクラブがこの図を公表したときに話題になりました。人類初の月面着陸の直後という時代背景もあって「宇宙船地球号」と言われました。地球の資源は無限だといままで思われていた。それがそうではなく、有限なのだと。宇宙船のように有限なのだと。

無限にあると思っていた資源が浪費されて減っていきます。そのうちに枯渇するかもしれません。減る理由は、産業革命によって人類は地球資源を生産に変える方法を知ってしまったからです。理系の人であればすぐにわかると思いますが、この地球資源の減り具合、微分係数がそのまま工業生産になっています。これは地球資源を消費することによって、工業生産がなされてきたことを意味します。地球資源が有限だとすると、いつかは枯渇しますから、いつまでも工業生産できるわけではなく、当然ピークがあってその後は急激に落ち込む形になります。

地球環境問題に警鐘が鳴らされた

このように、地球資源との関係で工業生産の推移を説明することができますが、その後、この図に対して別の解釈が立てられるようになりました。それは工業生産が減るのは、むしろそのあとから立ち上がるカーブ、これが本質的なのではないかというわけです。これは20世紀の後半から少しずつ増えています。汚染です。工業生産の結果として起こる環境汚染で、産業廃棄物もありますが、二酸化炭素（CO_2）もそうです。地球温暖化と言われているものはこれに相当します。それが工業生産に対して数十年遅れる形で急激に増えて、地球環境を劣化させます。それによって工業生産も抑えつけられます。こうした状況を何とかしなければいけないのではないかと、いま地球温暖化に対して警鐘が鳴らされています。

この図自体は1972年というかなり前に作成されたものですから、いま見ると正確でないところもあると思います。人口の増え方も、中国の一人っ子政策などは考慮されていませんから修正が必要でしょう。さらに言えば、この図は予言ではありません。シミュレーションです。条件を変えて幅広いシナリオを提示して、環境問題に対する抜本的な取組みを促しています。しかし、残念ながらその後に十分な取組みがなされているとはとても言えず、定性的にはいまこのような方向に進みつつあると言わざるを得ません。

この図を見ると、これから大変な時代になるとつくづく思うのですが、僕は本当にいいときに生まれました。僕が生まれたのは1945年です。戦争が終わったときに生まれました。僕よりも上の世代は戦争を経験しています。戦争がなくなって平和な時代の右肩上がりを生きて、ちょうどこのピークのときに僕はこの世を去ります。まさに素晴らしい時代を生きてきました。

これは感謝しなければいけないことですが、次の子の世代にとっては深刻な問題となります。さらには孫の世代はもっと厳しくなります。お父さん、お母さん、おじいさん、おばあさんたちがいい目に遭ったから自分たちは大変なことになった。そのように言われる可能性があります。後世に生きる人たちのためにも、何とかしなければいけません。

3――地球環境問題はなぜ起きたか

では、このような問題はどうして起きたのでしょうか。けっしてこれは天災ではありません。明らかに人災です。僕自身は科学技術の人間ですが、これは科学技術の負の遺産であると言えるかもしれません。

近代はひたすら量的な拡大をめざしてきた

近代の科学技術は、ひとことで言うと、生産性の向上へ向けて人間の能力の量的な拡大をめざしてきました。たとえば、産業革命によって手工業から機械工業へ変わりました。地球に蓄積されているエネルギーを生産に活用できるようになり、それによって、手の能力が機械によって量的に拡大されました。交通機関は足の能力を拡大しました。メディアは目、耳の能力を拡大しました。遠くを見ること、聞くことができるようになりました。そして、コンピュータは脳の能力を拡大しました。

このように科学技術は、人間にもともと具わっている能力をひたすら拡大してきました。その結果、ヒトはスーパーマン、スーパーウーマンになりました。そのスーパーヒューマンは、あっという間に空を飛んでヨーロッパにも行くことができます。当然ながら大量のエネルギーを消費します。

スーパーヒューマンは大量のエネルギーを使う

下図をみてください。これを作成したのは本川達雄さんという東工大の名誉教授の方です。僕もお会いしたことがありますが、歌が大好きな面白い方です。その方が書かれた『ゾウの時間　ネズミの時間』という本に載っている図です。地球に存在している哺乳類について、その体の大きさと、安静時に単位時間あたり消費するエネルギーの量を比較しています。これによると、体の大きさとエネルギー消費量に、互いに関係があることがわかります。容易に想像できることですが、体が小さいハツカネズミは消費エネルギーが少なく、一方で体が大きいゾウは多くなります。

おもしろいことに、これはかなりきれいな関係になっています。図ではほとんどが直線の上にのっています。ただし、横軸も縦軸も対数軸ですから、単なる比例ではなくて、厳密に言うと、安静時のエネルギー消費量は体重の4分の3乗に比例するという関係になっ

●エネルギー消費量（安静時）は体重の4分の3乗に比例する

出典：本川達雄
『ゾウの時間　ネズミの時間』中公新書1992
（矢印は原島）

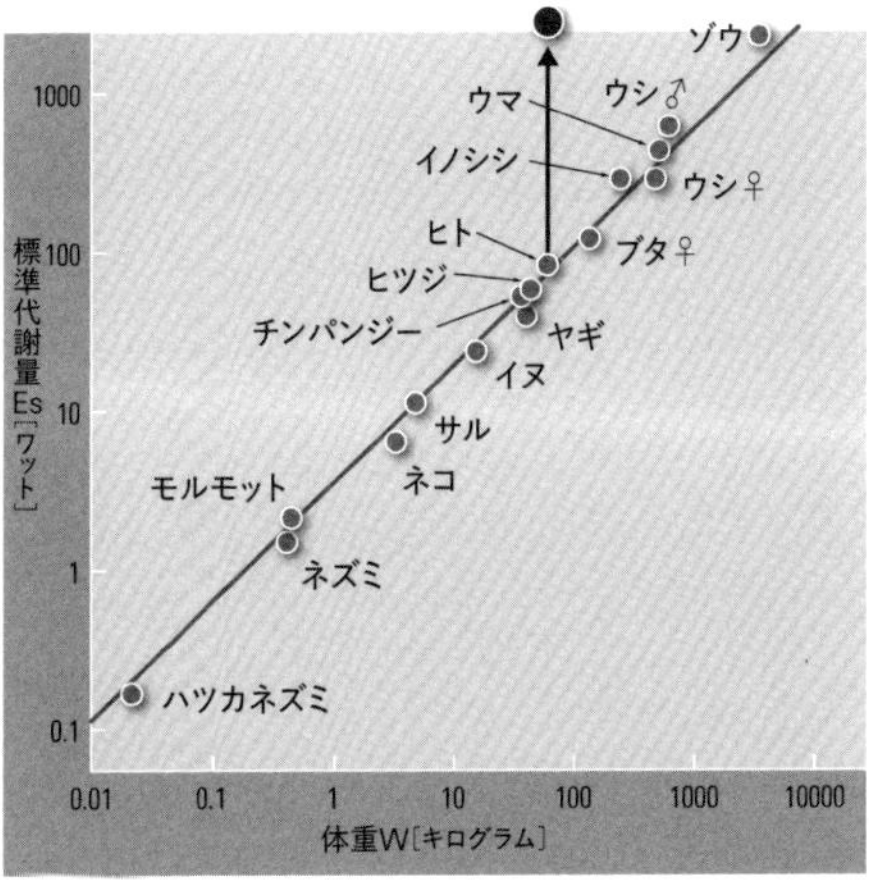

ています。

これを見ると、ヒトの体重は数十kgで、安静時には100ワット程度消費しています。いま皆さんの体から100ワットの電球と同じ程度の熱が発散しています。これは空調の能力を設計するときに使います。その部屋に何人いるかによって、一人当たり100ワットの熱をだしていますから、その部屋にいる人数分の発生熱量を冷やさなければいけないというわけです。

でも、これはあくまで動物的な哺乳類としてのヒトのエネルギー消費量です。スーパーヒューマン化した現代人は、はるかにエネルギーを消費しています。いろいろな計算がありますが、たとえば日本全体でどれくらいエネルギーを消費しているかがあります。これには交通機関が消費しているエネルギー、工業生産のために消費するエネルギー、もちろんこの部屋の空調も含まれます。それをすべて入れて、非常にラフな言い方をすると、日本の人口で割れば、スーパーヒューマン化した日本人のエネルギー消費量となります。

それを計算すると、少し前のデータでは100ワットの数十倍に

●地球からみたスーパーヒューマン

なっています。いまはもっと消費していて、それ以上かもしれません。このエネルギー消費量に相当する哺乳類はゾウです。言い換えると、エネルギー的には、いま地球上に数十億頭のゾウに相当する生き物が生存していることになります。これは地球からみたら大変なことです。右ページの図は、かつてに自分で描いたあまり上手くないスケッチですが、イメージはわかりますよね。動物としてのヒトは小さいけれども、地球からみたときのヒトはこのような猛獣になっているのです。ゾウ、あるいはその数倍以上の大きさです。

地球はもはやスーパーヒューマンを養えない

このような数十億の巨大な猛獣を地球は養うことができるのでしょうか。答えは当然ノーです。地球環境問題に関連して、さまざまな計算がなされました。たとえば食料生産だけでも無理だろうと。もし将来の人類がいまのアメリカ並みの食生活をすることになると、多めに見積もっても30億人しか養うことはできません。米国は食べ過ぎとして、日本並みの食生活だとすると50億人くらい。逆に21世紀後半にもし100億人養おうとすると、いまの発展途上国並みの食生活にしなければいけないという結果になっています。

発展途上国は、先進国であるアメリカを目標として発展しているわけですが、要するにアメリカは目標にはならないということです。みなアメリカになってしまったら地球は維持できません。その意味では、いまの大量消費のアメリカモデルは21世紀には成り立たないのです。

500年後の歴史書に記される現代

繰り返しますが、ローマクラブのシミュレーションは、単なる未来予測ではありません。何も有効な対策を打たないと、こうなる可能性がある。そうならないようにいまから何とかしなければいけないという警告です。でも、残念ながらその警告に対して、まだ世界はきちんと対応していません。

ローマクラブのシミュレーションの図では20世紀と21世紀の200年間しか示されていませんが、500年後の歴史家はおそらくその前後も含めて見るでしょう。たとえば工業生産は、19世紀前半まではほとんどゼロでした。それが20世紀になって急上昇して、また21世紀にそれが急落する。その後の22世紀以降は予測がつきませんが、もしそのまま低いままであったら、20世紀はどのように見えるでしょうか。まさに異常な時代、いわばバブルです。

このように考えると、もしかしたら500年後の歴史書には、現代という時代は次のように書かれるかもしれません。本講のテーマはまさにそれを探ることでした。

「20世紀から21世紀前半はバブルであった。産業革命は地球資源を生産に変える技術を人類に与えてしまった。それによって人類はそれを使う欲望を止められなくなった。結果として、20世紀と21世紀は、地球を食いつぶして人類が瞬間的に繁栄した時代であった。21世紀後半はバブルの後始末となった」

バブルであることはわかっていても

ここでバブルという言い方をしましたが、日本人はこのバブルという言葉には敏感です。1980年代から1990年代にかけての経済バブルを経験しています。僕も覚えていますが、当時は「いまやカネがカネを生む時代だ。借金をしてでもカネを回さないと損をする」と言われていました。工学部の人間としては、カネがカネを生むのではなくて、生産がカネを生むと思っていましたから信じられなかったのですが、社会はその論理で動いていました。

結果としてバブルははじけました。そのバブルのとき、おそらくほとんどの人はそのままバブルが続くとは思っていなかったと思います。いつかははじけると思っていた。でも、そこから抜けることができなかった。それに乗らないと競争に負けてしまうからです。競争に勝つためには、軌道を自ら修正することはできなかった。そういう時代でした。

いまの工業生産も、これと似たようなところがあります。競争に勝つためには生産を続けなければならない。そのとおりです。それをやらないと、グローバルの時代に勝ち残ることはできません。でも、ほんとうにいまのような大量生産・大量消費が続くと、みな信じているのでしょうか。おそらくどこかで限界が来る。そのように思っていながら、競争に負けないように前に進むしかない。いま、そのような状況にあるのではないでしょうか。まさにバブルのときと同じです。

4——人類の過去の歴史に学ぶ

ここで、本講の話を終わりにしてしまうと、完全に暗い話で終わってしまいます。これと1946年のコンピュータの誕生、1969年の人類初の月面着陸がどういう関係にあるのか、まったくわからないということになってしまいます。

歴史ですから、まだまだ続きます。果たしてこの後にどのような時代が来るのでしょうか。それを探るために、過去の歴史を振り返ってみることにします。もともと歴史は、過去に学び、未来へのヒントを探るためにあるのです。過去の人類の歴史で、似たようなことはなかったのでしょうか。あったとすれば、どのように克服してきたのでしょうか。

14世紀の中世に似たことがあった

ローマクラブの図と同じような時代が過去にあったでしょうか。工業生産は近代になってから以降ですから、同じようなカーブが過去にあるはずはありません。一方で、人口統計は過去にもあったはずです。人口が経済成長とともに増えて、そして急に減るというカーブを探せばいいのです。

ある歴史書を眺めていたら、似たようなカーブがありました。中世末期の14、15世紀のヨーロッパ人口の推移です。14世紀にヨーロッパ人口は急減しています。イタリア中部を旅し

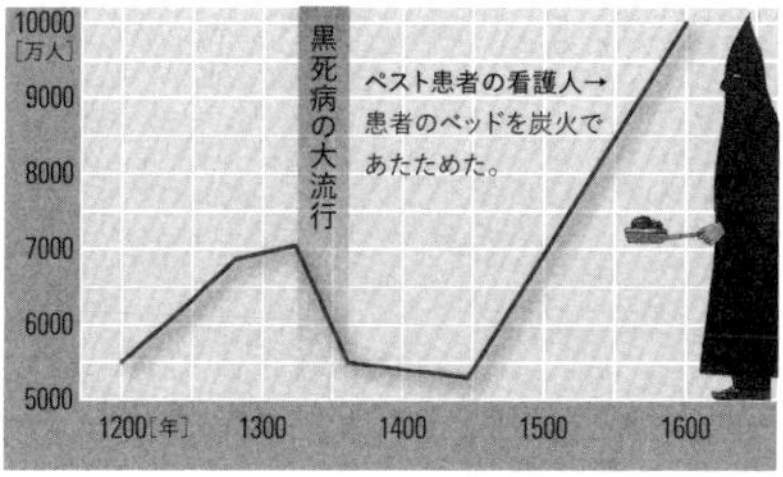

●14・15世紀のヨーロッパの危機
ヨーロッパ人口の推移
出典:『ビジュアル世界史』東京法令出版2005

たことがありますが、確かにその頃に人口が数分の一になったという都市がありました。ちなみに、その歴史書は高校で歴史の副読本として使う図録です。僕が参考にする歴史書はせいぜいこの程度ですが、内容が充実しています。興味深いデータが満載です。

でもこの図をよくよく見ると、この人口の急減は黒死病（ペスト）の流行によるものでした。たまたま伝染病（いまは感染症と呼ばれています）が大流行して人口が減ったのであればあまり参考にはなりません。ところが図の下に興味深い解説がありました。読み上げますと、「12、13世紀にかけてヨーロッパ経済は順調に発展したが、14、15世紀に事態は一変した。低温と長雨による天候不順、凶作、飢饉、戦争、そして伝染病の大流行が社会を破滅的に荒廃させていく。人口が減少し、つぎつぎと村が消えた。14、15世紀は、まさにヨーロッパ史上最悪の時代であった」

中世と近代はよく似ている

この12、13世紀を19、20世紀に、14、15世紀を21、22世紀に、そしてヨーロッパ経済を世界経済に置き換えてみます。すると、

「19、20世紀にかけて世界経済は順調に発展したが、21、22世紀に事態は一変した。低温と長雨による天候不順、凶作、飢饉、戦争、そして伝染病の大流行が社会を破滅的に荒廃させていく。人口が減少し、つぎつぎと都市が消えた。21、22世紀は、まさに世界史上最悪の時代であった」

これはまさにこれからの地球に起こるのではないかと危惧されていることそのものではないでしょうか。いまから700年前に、ヨーロッパ大陸において、同じようなことがあったのです。その700年前の危機は、黒死病（ペスト）がたまたま流行したからではなくて、それ以前の経済成長の結果としてあったのです。

この経済成長は、ヨーロッパ大陸の大開墾によってもたされました。ヨーロッパ大陸は、ご存じのように、いまはほとんどが田園地帯です。畑や牧草地が大部分で、そこに名前がついている「○○の森」が点在しています。昔はそうではありませんでした。ヨーロッパ大陸全体がほとんど森だったのです。それを大開墾したのが中世のこの頃です。鋤などの農機具の農業技術革命もありました。こうしてヨーロッパ大陸を大開墾すれば経済は発展します。一方で当然ながら大陸の生態系が崩れます。14、15世紀にそれが起きました。低温、長雨、凶作、飢饉、戦争、伝染病の大流行です。

近代は中世を繰り返している

このように考えると、中世の終わりにヨーロッパ大陸で起きたこと、それと同じことがいま地球規模で起きているように見えます。中世という時代は、ギリシャ・ローマのあとの時代です。まずは4世紀から10世紀に民族大移動がありました。先にゲルマン人の移動、少し遅れてノルマン人の移動です。新天地開拓から中世は始まります。中世のピークは11世紀から13世紀です。ローマ法皇の教皇権が強化され、農業技術革命がありました。教会・修道院を中心に、いわば神の御旨のままに勤勉に働く、それがよしとされた時代でした。ヨーロッパ大陸の大開墾がおこなわれ、森を畑に変えていきました。

その結果、経済は成長しました。しかしそれによって生態系が破壊されました。ペストの流行、飢饉、戦争という形で中世という時代が終わりました。それが中世です。私たちは中世というと暗黒の時代をイメージしますが、暗黒は最後だけです。その前にはのどかな田園の生活があったのです。

●中世

▸4−10世紀
民族大移動から始まる
ゲルマン民族
ノルマン民族

▸11−13世紀
教皇権の強化
農業技術革命
教会·修道院中心に
大陸の大開墾

▸14−15世紀
生態系の破壊
ペストの流行
飢饉、戦争

そのあと近世・近代が始まります。ここではまとめて近代と呼ぶことにしますが、その近代は大航海時代から始まりました。民族大移動に変わる形で大航海時代になって、ポルトガル、スペイン、オランダ、イギリスの時代があって、そのイギリスに産業革命が起きました。その背景に近代科学があります。その近代科学の教えに基づいて産業革命が起こり、産業界中心に地球の大開発をしました。これが近代です。

まさに中世と同じことを近代はやってきたのです。違いは、中世はヨーロッパ大陸の規模であるのに対して、近代は地球規模でそれをやりました。それだけです。もしかしたら、中世と同じようにこれから地球の生態系が破壊されて、環境・エネルギー危機、そして飢饉、戦争が起こるかもしれません。とんでもない感染症(伝染病)が流行するかもしれません。2020年にその兆候となる感染症が世界規模で流行しました。

●近世・近代

▸15–17世紀
大航海時代から始まる
スペイン ポルトガル
オランダ フランス イギリス

▸18–20世紀
近代科学の隆盛
産業革命
産業界中心に地球の大開発

▸21世紀–
生態系の破壊
環境、エネルギー危機
飢饉? 戦争?

文明の寿命と世界史の時代区分

このようなことはあたりまえだと、文明論の専門家は言います。

文明論的には歴史は繰り返しであって、文明には必ず寿命があると。文明は、ある画期的な技術の獲得から始まります。その技術を使って生産性を向上させれば、それによって支えることのできる人口も増えます。しかし、生産はその地域の資源を枯渇させ、環境条件を悪化させます。その悪化が生産性を低下させ、人口を減少させます。最後に飢饉、疫病、内乱になって文明が終わります。これが文明論的にみた文明の一生なのです。

そう考えると、世界史の時代区分は、そう複雑ではないように見えてしまいます。世界史の専門家からはそんな単純ではないと言われそうですが、僕は素人ですからかなりいい加減な仮説をたてますと、人類の歴史は大雑把にわずか4つの時代に分類できるのではないでしょうか。

まずは、歴史の史料がない先史時代です。人類が誕生して直立歩行してからは「森林・草原の時代」を生きてきました。その後に農耕が始まり、定住するようになって、そこに都市ができて「都市の時代」が来ました。都市の時代の最後がギリシャ・ローマです。そのギリシャ・ローマの後に「大陸の時代」が始まりました。ヨーロッパ大陸ではキリスト教中心でしたが、アジアでは仏教やイスラーム教が中心になって、モンゴル、オスマントルコが大陸の時代を築き

●**世界史の時代区分**

▸**森林・草原の時代**(先史時代)
人類誕生(直立歩行)、
採集・狩猟

▸**都市の時代**(古代)
農耕・牧畜、都市の成立

▸**大陸の時代**(中世)
民族大移動、大陸大開墾、
ペスト流行

▸**地球の時代**(近代)
大航海時代、地球大開発、
環境破壊

ました。そして「地球の時代」になりました。その地球の時代は大航海時代から始まって、科学技術が発展して、それによって地球の大開発があって、いま環境がおかしくなっています。これはいま地球の時代が終ろうとしていることを示しています。

5——次は宇宙の時代か

地球の時代が終わるとすれば、次はどのような時代が来るのでしょうか。

地球の時代の次は宇宙の時代か

先ほども申し上げたように、文明論的には、チグリス・ユーフラテス以来、すべての文明には寿命がありました。人類は一つの文明が終わると、新天地を発見することによって次の文明を築いてきました。ヨーロッパ大陸の生態系が崩れて、ヨーロッパ大陸だけで生存できなくなると、大航海時代という形で世界へ飛び出していきました。新大陸を発見して、そこから富を得て、新たな文明を築いてきました。

チグリス・ユーフラテスの時代は、ある地域で住めなくなったらその隣の地域へ移動できました。ところが近代という時代は、地球規模で文明を築いてしまいました。もはや地球上には、新天地あるいは新大陸はありません。

それではどうすればいいのでしょうか。普通に考えると簡単です。森林・草原の時代、都市の時代、大陸の時代、地球の時代、その地球の時代の次は何かと聞かれたら、ほとんどの人が次は「宇宙の時代」が来るだろうと答えます。SFはほとんどが宇宙の時代を予想しています。「宇宙戦艦ヤマト」もそうですし、「機動戦士ガンダム」、みな宇宙に飛び出していています。それは、ある意味では当然かもしれません。

そう考えると、1969年に人類初の月面着陸があったことも頷けます。それは宇宙の時代の始まりだったのです。中世から近世・近代になるときに、コロンブスのアメリカ大陸の発見がありました。それは次の時代を切り開くための新大陸の発見でした。将来の歴史書には、これと同じ意味で、人類初の月面着陸は、次の宇宙の時代へ向けた新大陸の発見であったと記されるかもしれません。近代という時代の終わりに地球環境問題があった。それを背景にして、人類は宇宙にとびだした。それが月面着陸であった。まさにこの両者には密接な関係があったのです。

宇宙の時代は本当に来るのか

じつは、ここで僕の思考は一時的にストップしました。地球の時代の次に宇宙の時代が来ることは、自然の流れとして、それなりに納得できます。しかし、その宇宙の時代へ至る具体的なシナリオが僕には描けませんでした。

まず技術的に間に合うのかという問題があります。1957年にスプートニクという小さな直径数十センチの人工衛星があがって、たったその12年後の1969年に人類は巨大なロケットで月まで行って、無事地球に帰還しました。これはめざましい進歩でした。でも、第3講でも話しましたが、それは背景に東西の冷戦があったからでした。冷戦が終わると進歩はストップしました。いま残念ながら、誰も月には住んでいません。人類初の月面着陸からすでに半世紀以上経っていますが、宇宙の時代を迎えるための技術は、勢いを失ってしまったのです。

もっと本質的な問題があります。昔の大航海時代、コロンブスがなぜあのように無理してまで大航海をしたのでしょうか。じつはその前にマルコ・ポーロによってジパングという国の紹介がありました。海の向こうにはジパングという黄金の国がある。そこに行けば

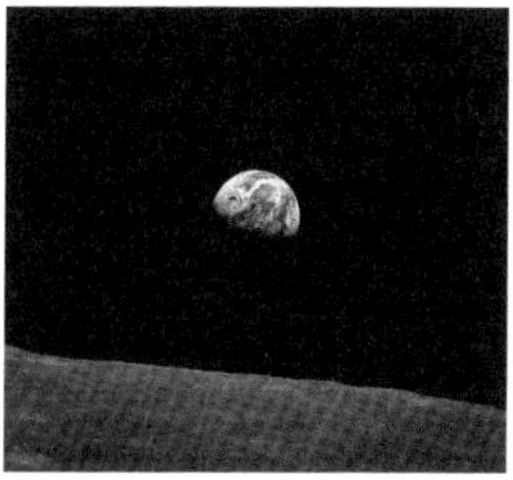

●**1969年：月面着陸**
写真は月面着陸の前年（1968年12月）に月周回軌道から見た地球
NASA提供

莫大な富が得られる。コロンブスは、地球が丸いことを信じて、逆回りに黄金のジパングをめざしました。その結果、たまたま新大陸を発見してしまったのです。

いま宇宙にジパングがあるでしょうか。ジパングという星があって、そこに行って帰ってくれば大金持ちになれるでしょうか。正直言って、それはありません。さらに言えば、宇宙ははたしてユートピア、理想郷でしょうか。必ずしもそうではありません。むしろ逆です。「宇宙戦艦ヤマト」、「機動戦士ガンダム」、みな宇宙の時代を描いていますが、とても幸せには見えません。戦争ばかりしています。いまよりも厳しい時代を生きています。そのような宇宙に、私たちは未来を夢見ることができるでしょうか。

6——情報新大陸の可能性

宇宙に新大陸、あるいは新惑星がないとすれば、別のシナリオを考える必要があります。それは私たちが生きている地球上に、新たな大陸を自らつくりだすことです。

コンピュータの発明が可能にした情報新大陸

もちろんそれは、これまでと同じ大陸であってはなりません。もしそれが資源とエネルギーを大量消費するような大陸であったら、これまでと同じことです。何ら解決にはなりません。資源とエネルギーを大量消費しないで活動できる大陸の構築、これが絶対条件です。

ここで、地球環境問題、人類初の月面着陸と並んで、本講のもう一つのキーワードである「コンピュータの発明」が登場します。僕は、情報が専門ですが、コンピュータに代表される情報通信技術は、物質やエネルギーを無駄に消費することのない、バーチャルな新大陸の構築を可能にするのかもしれません。「情報新大陸」です。

すでに現代人は、第1講で述べたようにフットワーク社会とネットワーク社会の二つの世界を生きています。これからの人々は二つの大陸を生きるようになるでしょう。このように考えると、20世紀後半から21世紀前半の情報技術の進歩は、地球環境問題を背景に、

▸定義1：
ネット上の仮想空間（メタバース）

▸定義2：
ネット上の社会活動すべて

電子商取引、テレワーク、
オンライン教育、
オンライン飲み会…

●情報新大陸の定義
（図：Mirabella 作：New building of the Metaverse Museum）

地球上に新大陸を創造するための準備であったとも言えます。500年後の歴史書に記されるであろう地球環境問題とコンピュータの誕生がここで結びつきました。

この情報新大陸に対して、皆さんはどのようなイメージをもたれるでしょうか。バーチャルリアリティを駆使したネット上の仮想空間でしょうか。10年以上前に、日本でも「セカンドライフ」というネットワーク上に仮想世界を実現するサービスが話題になりました。一般にはメタバースと呼ばれているものです。

いままたそのメタバースが話題になっています。メタバースはインターネット上に構築された仮想の三次元空間で、それぞれの人はアバターと呼ばれる自分の分身をそこに登場させて活動することができます。このバーチャルな空間は情報新大陸の究極の姿と言えるかもしれません。

一方で、現実の社会での活動のほとんどすべてをネット上で実現できるようになれば、それは事実上の新大陸と言ってもよいかもしれません。その意味では、いま私たちはすでに情報新大陸を生きています。

サイバーフィジカルシステムによる情報新大陸の構築

いま僕自身が注目しているのは、情報技術によってリアルな地球そのものを新たな大陸に変容させることです。私たちが生きている実世界そのものを情報技術によってしっかり管理して、エネルギーを浪費しない、きわめて効率のよい社会をつくっていく。それによって実現される社会も情報新大陸と呼ぶことができるでしょう。

第2講で述べたサーバーフィジカルシステムは、まさにこのような情報新大陸を構築しようとする試みです。情報技術は、いま広い意味では地球上のすべてのコンテンツをネットワーク化しようとしています。必ずしも情報だけでなく、地球上のすべてのモノをネットワーク化します。これが実現すれば、省資源、省エネルギーへ向けた地球の完全管理が可能になるでしょう。モノの完全リサイクルもできるでしょう。エネルギーの無駄な消費もゼロになるでしょう。

ふたたび未来の歴史書の記述

こうして地球環境問題と情報技術がつながってきました。さきほど挙げた宇宙技術も含めてまとめると、500年後の未来の歴史書には、もしかしたら次のように書かれるかもしれません。

21世紀は、地球環境の破壊によって、人類史上最悪の時代となった。それは地球の時代＝近代の終焉を意味した。次の宇宙の時代へ向けて、20世紀後半に人類は宇宙に乗り出し、人類初の月面着陸に成功した。しかし、宇宙の時代には、すぐにはならなかった。宇宙には新たな富をもたらす黄金の国ジパングがなかったからである。

地球環境問題のもう一つの解決策として、人類は情報技術を用意した。20世紀から21世紀における情報技術の発展は、最初はエネルギーや資源の問題とは別であると考えられていた。しかし、それは密接に関係していた。21世紀に入って、人類は情報技術によって地球の持続を図り、地球上に物質とエネルギーを消費しない情報新大陸を築くことを試みた。

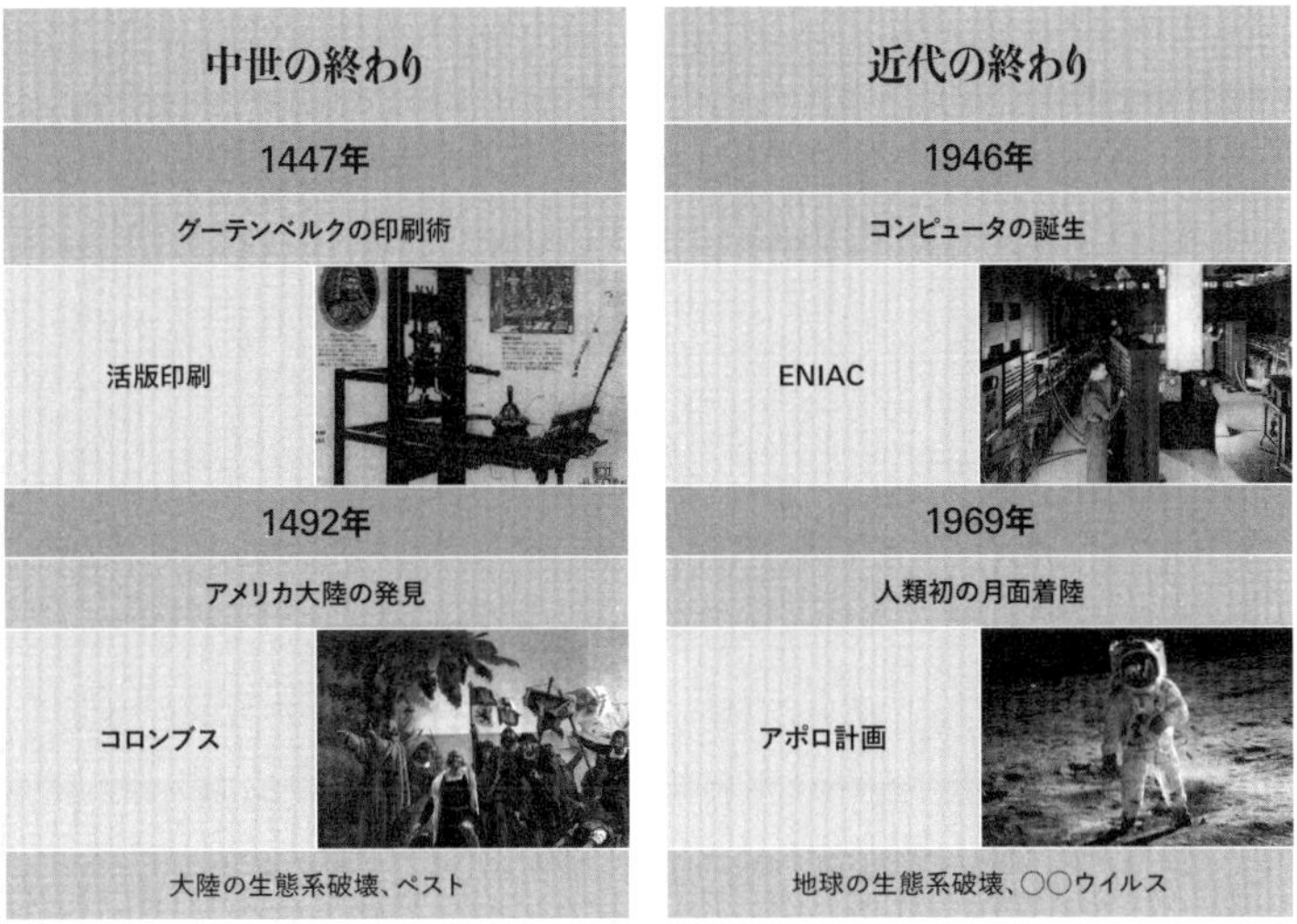

本講の冒頭で、未来の歴史書に、1946年のコンピュータの誕生、1969年の人類初の月面着陸、そして21世紀の地球環境問題、この三つが載る可能性があるとしたら、それはどのような形で記されるであろうか、という問題提起をしました。これがその一つの回答です。

こう考えると上図に示すように、グーテンベルクの印刷術の発明のちょうど500年後にコンピュータが登場したこと、コロンブスのアメリカ大陸の発見のやはり500年後に人類初の月面着陸があったことは、決して偶然ではなく歴史の必然だったのかもしれません。いまはまさに近代という時代の終わりです。

7——情報新大陸によって近代を乗り越えられるのか

このように結論づけておきながら、ここで新たな問題提起です。情報技術によって新大陸を構築できれば、コンピュータの発明に始まる一連の技術革新は、まさに情報革命と呼べるでしょう。問題は、この情報革命によって本当に近代という時代を乗り越えることができるかです。

僕自身はそうなってほしいと願いながら、確信することができません。上に記した未来の歴史書の記述も、その最後の動詞を「築くことに成功した」ではなく「築くことを試みた」としました。試みた結果がどうであったのか。成功したのか、失敗したのか、それはむしろこれからの課題としてあいまいにしました。

情報新大陸、そして情報革命はほんとうに地球に優しいのか

第3講で情報革命を紹介したときに、情報革命には二通りの歴史的な位置づけがあることを話しました。

一つは、産業革命の総仕上げとしての情報革命です。もともと産業革命は近代を象徴するできごとでした。近代は産業革命によってもたらされた時代とみなしてもよいほどです。したがって、情報革命が産業革命の一部であれば、情報革命は近代に含まれます。あくまで近代という枠組みの内側の出来事です。

近代という時代は、ひたすら生産性の向上をめざしてきました。情報革命も近代に含まれるとすれば、それは当然ながら生産性の向上をめざします。問題はそれが本当に地球に優しいかです。

かつてこう言われたことがありました。オフィスにおいてすべての書類を電子化することができれば、紙の書類の消費は減って地球に優しくなると。結果はどうだったでしょうか。書類の電子化は、その生産性を高めただけでした。

実際に、それまでの手書きで紙の書類を作成していた時代に比べて、ワープロは書類の生産性を飛躍的に高めました。活版で印刷しようとすると、かつては外注が必要で大変でしたが、いまではほぼ同程度の品質の書類をプリンタがすぐ印刷してくれます。

その結果、むしろ紙の消費量は比べものにならないくらい増えてしまいました。とくにコピー機の威力はすさまじいものでした。いとも簡単に同じ品質の書類の複製再生産ができるようになりました。それもちょっとした操作でいくらでもできますので、ほんとうは必要ないのに、とりあえずコピーしておけという時代になりました。

ここで何を言いたいかおわかりでしょう。情報技術は、それが近代の枠組みのもとで発展する限り、決して地球に優しくないのです。むしろ環境をより厳しくするのです。

もちろん、もし将来において紙が枯渇して高価になったら、その紙を消費しない方向に市場原理は働くでしょう。そのときに情報技術は威力を発揮します。紙の書類がなくなっても、社会活動を続けられるお膳立てがすでに用意されています。

情報革命は、果たして世界の平和に寄与するのか

もう一つ気になっていることがあります。第3講で述べたように情報革命は果たして世界の平和に寄与するかです。情報革命によって世界中のどこでも同じ情報を手に入れることができて、情報格差がなくなると、世界は平和になるように思えます。

一方で、いま世界の所得格差は逆に拡大しています。それにはいろいろな理由がありますが、もしかしたら情報革命がそれをますます加速しているのかもしれません。情報革命は社会活動の効率化をもたらします。近代社会において、効率化はまさに競争を勝ち抜くための重要なファクターです。競争によって勝者と敗者が生まれます。結果として、国際的にも格差が拡大します。

情報格差がなくなって、一方で所得格差が拡大する。このアンバランスは何をもたらすでしょうか。情報格差がありませんから、貧しい国の人々は豊かな国のことを日常的に知

るようになります。同じ人間なのにこれはおかしい、そう思った人々は豊かな国への移住を試みようとするでしょう。移民・難民の増大です。新たな人類の大移動が起こる可能性があります。一部ではすでに起きています。そうなると自分が第一だと考える豊かな先進国は、それを拒否します。国際的に緊張関係が高まります。

最先端の情報技術は、先進国の国内の格差も広げます。情報技術を使いこなせるかどうかで、勝ち組と負け組が生まれます。情報の流通もそれぞれ別になって、社会の分断がおきます。分断は社会を不安定にします。国そのものの存続も危うくします。

情報新大陸そして情報革命は、それが近代の産業革命の一部である限り、そのままでは近代の諸課題の解決にはなりません。第3講では、情報革命を次のようにも位置づけました。すなわち産業革命の総仕上げとしての情報革命ではなく、農耕革命、産業革命にならぶ人類史上の革命として、情報革命があるという位置づけです。農耕革命が人類の農耕文明をもたらし、産業革命が近代における工業文明をもたらしたとすれば、それに相当するような文明の変容を情報革命はもたらします。

その時代はもはや近代とは言えず、それを超えたものになるでしょう。それには、いったい何が必要になるでしょうか。

8——時代の応急手当ではなく抜本的な体質改善

地球環境問題は、科学技術の立場にある人間として、やはり科学技術の力で解決したいし、またそうあるべきだと思っています。それは重要なことです。重要なことであるけれども、それが本質的な解決になるだろうか。技術の研究者としてそのような疑問も持っています。

応急手当から時代の体質改善へ

もしかしたら、科学技術（情報技術）による対応は一時的な延命に過ぎないのかもしれません。病気で言えば、応急手当です。確かに、いま地球は病気にかかっています。このままでは死んでしまいます。応急手当は急務です。でも長期的には、応急手当だけでは時代を乗り切れません。より本質的な解決とは「体質改善」です。

中世から近代になるときも、暗黒時代になってさまざまな応急手当がなされたと思います。でもそれだけでは、近代という時代は来ませんでした。かなり思い切った体質改善がありました。新大陸発見だけではありませんでした。

もう一度、歴史を振り返ってみることにします。さきほど歴史の図録を紹介しましたが、僕の手元にはもう一冊歴史書がありました。それは、60年前に勉強した秀村欣二の『世界史』という大学受験の参考書です。学生社という出版社から出ています。僕は理系でしたが、当時は大学の受験科目を理系でも社会を2科目とる必要があって、日本史と世界史を選択しました。

この参考書の目次をもう一度読み直してみました。その目次は次のようになっていました。「第4編・近世市民社会の形成」というところです。中世から近代（近世）に移るときですが、そこに「地理上の発見」という項目は確かにありました。でもそれだけではありませんでした。それにあわせてあったのが、「ルネサンス」そして「宗教改革」です。

ルネサンスは文芸復興あるいは人間復興と言われます。宗教改革は1517年、ルターがローマ教会を批判する文章を壁に貼ったことから始まりました。このように中世から近代にかけて、単に新大陸の発見があったわけではなくて、より本質的な「人間観、価値観の変革」があったのです。それによって中世から近代へと乗り換えることができたのです。

●歴史の参考書に記された近代の始まりは新大陸の発見だけではなかった！

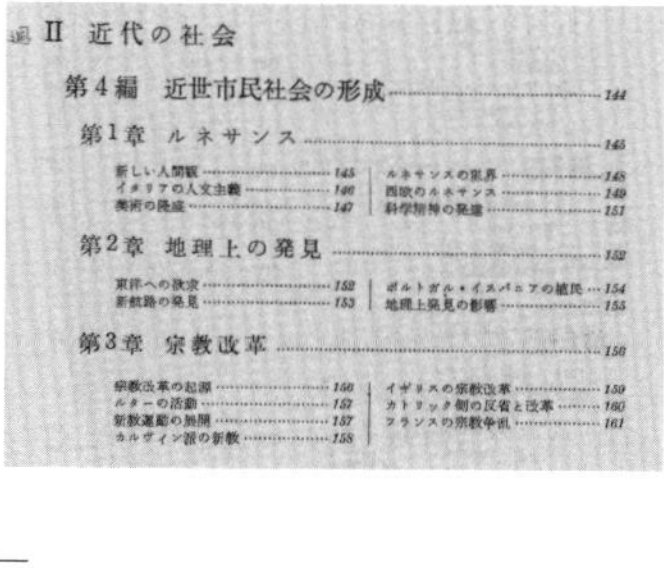
II 近代の社会

時代の区切り目には新たな思想・哲学が生まれた

このように考えてみると、時代の区切り目には、次の時代の指導原理となる思想・哲学が誕生していることがわかります。ここでは時代区分として、森林・草原の時代、都市の時代、大陸の時代、地球の時代に大きく分けられるのではないかとの仮説をたてました。この古代から中世への切り替えのときに精神革命があって、三大宗教が生まれました。大雑把ですが紀元前後500年です。紀元前500年頃に仏教が生まれ、紀元ゼロ年頃にキリスト教が生まれ、紀元500年頃にイスラーム教が生まれました。そして、このそれぞれが次の中世、すなわち大陸の時代の指導原理となったのです。ヨーロッパ大陸はキリスト教が、アジアでは仏教が、その中間の西アジア（中東）ではイスラーム教が指導原理になりました。

そして、中世から近代へ、大陸の時代から地球の時代へ切り替わるときに、ルネサンスと宗教改革があって、それが次の時代を築いていきました。厳密に言うと、ルネサンス、宗教改革それ自体は、どちらかというと中世の終わりの出来事でした。近代の始まりにはもう一つ、近代合理主義の登場が17世紀にありました。この近代合理主義が、まさに近代という時代の指導原理になりました。

中世の終わりと いまを重ね合わせる

中世の終わりには、まず13世紀に経済成長があって、14世紀に暗黒の時代が来て、百年戦争が起こりました。レオナルド・ダ・ヴィンチがいたルネサンスは15世紀後半です。その後16世紀に宗教改革が起きて、17世紀に近代合理主義が生まれました。

これは中世から近代へかけての歴史ですが、さきほど述べたように、いま同じことを繰り返しているように見えます。違いはヨーロッパ大陸の規模で起きているか、地球規模で起きているか、それだけです。

下図は中世の年代の下に700年ずらした現代の年代を重ねてみたものです。まず20世紀に経済成長があって、21世紀に暗黒の時代が来ます。今後あるかもしれない新しいルネサンスは22世紀です。

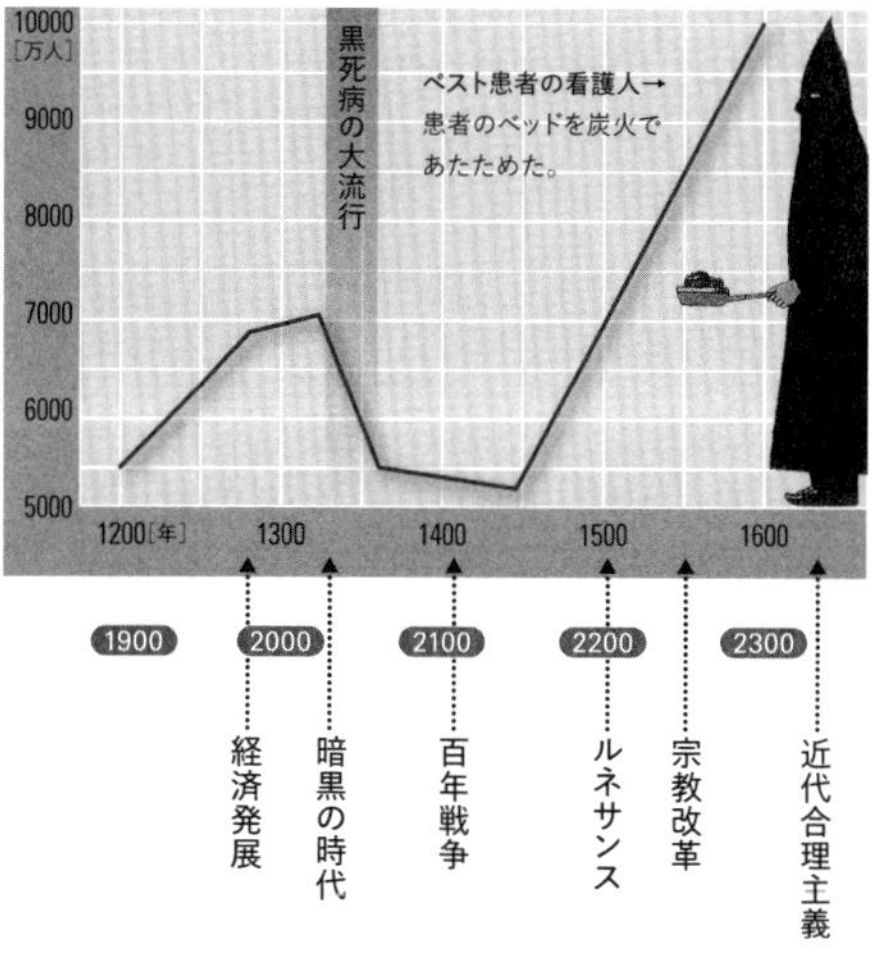

その後23世紀に宗教改革が起きて、24世紀に次の時代の指導原理となる思想が生まれます。

昔といままでは時代のスピードがまったく違いますから、新たなルネサンスや宗教改革、そして次の時代の指導原理の登場は、もっと早く登場するでしょう。いずれにせよいま、そのような時代にいるのです。もちろんこれは仮説です。当然ながら僕が生きている間に検証できません。その意味では無責任なのですが、僕はそう思っています。

9――まとめ――ホップ・ステップ・ジャンプで次の時代へ

まとめに入らせていただきます。

この第4講では、500年後の歴史書からいまを振り返るという形で、現代という時代を浮きぼりにすることを試みました。それを通じていまの情報文明を位置づけてみたいと思いました。その手がかりとして、20世紀におけるコンピュータの発明と人類初の月面着陸、そして21世紀の地球環境問題が、500年後の歴史書にいかに関連付けて記述されるかを思考シミュレーションしてみました。

その一つの結論が次のようなものでした。大航海時代から始まった近代＝地球の時代が、いま地球環境を破壊する形で終わろうとしている。これまでは新大陸を発見する形で新たな文明を築いてきたけれども、もはや地球上にはそのままでは新大陸はない。次の宇宙の時代へ向けて宇宙開発に乗り出し、人類初の月面着陸も成し遂げた。しかし宇宙にはすぐには展望が見えず、人類は地球上にまったく新たな形で新大陸の構築を試みた。それがコンピュータによるバーチャルな情報新大陸であった。近代の終わりの情報革命には、歴史的な意味があった。このような歴史のシナリオです。

一方で、このようなシナリオはあくまで近代の諸課題に対する応急措置であって、本質的な体質改善にはなっていないのではないかという疑問が残りました。その立場から改めて歴史を振り返ってみると、単に新大陸を発見するだけで中世から近代になったのでありませんでした。中世から近代にかけて、あわせてルネサンス、宗教改革、そして近代合理主義の登場があったのです。それぞれ15世紀、16世紀、17世紀です。僕はこれを中世から近代へ向けて飛躍するときのホップ・ステップ・ジャンプだと思っています。

いま近代という時代が終わろうとしています。近代という時代を超えるためには新たなホップ・ステップ・ジャンプが必要になります。それがなければ次の時代はきません。それはどのようなものになるのかはまったく見当がつきませんが、そろそろその準備を始める時代になっているのではないかと思っています。

それを結論として、この第4講を終わりたいと思います。

●中世から近代への三段跳び

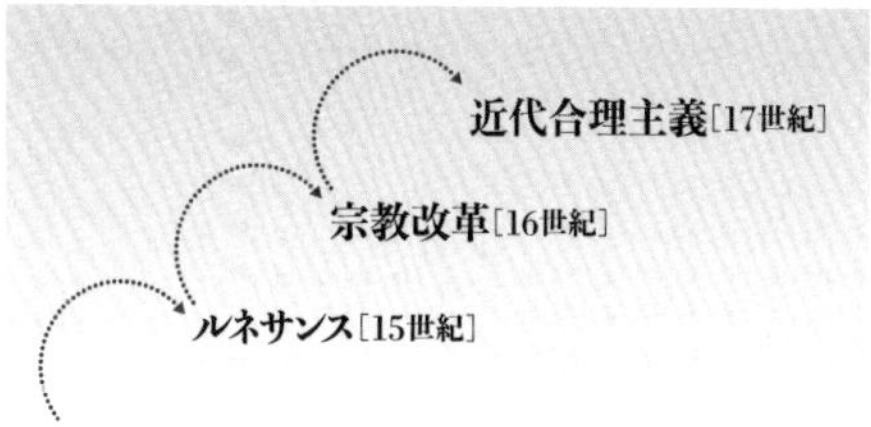

第5講

情報社会は本当に人を幸せにするのか

第4講までは情報技術の発展を、それぞれの時代の歴史に位置づけながら俯瞰してきました。特に第4講は中世から近代へという、かなり長い歴史になってしまいましたので驚かれたのではないかと思います。

第5講のテーマはより現実的です。タイトルとして「情報社会は本当に人を幸せにするのか」とつけさせていただきました。僕自身コミュニケーション技術の研究者でした。おそらくすべての研究者は情報社会の到来によって人々は幸せになると信じて研究してきたはずです。それは本当なのかという反省です。

1――いつからこのような問題意識を持っていたのか

コミュニケーション技術の研究者でありながら、どうしてこのような問題意識を持つようになったのでしょうか。それはいつ頃だったのでしょうか。

30年前にこのような問題意識があった

思い起こしてみると、いまから30年前、1990年代の前半にはすでに問題意識がありました。たとえば1994年に刊行された『仮想現実学への序曲―バーチャルリアリティ・ドリーム―』があります。僕も編者のひとりとなりました。その第1章を僕が担当しましたが、そこに次のような文章を記しています。

昨今、「人に優しい技術」がもてはやされている。いままでは技術が未熟であったから、その未熟な産物である機械に人間が無理して付き合ってきた。いわば人間が機械に優しく付き合ってきたのである。これに対して、いまや機械が人間に優しく付き合う番になった。しかし、それはほんとうに人間にとって優しいのであろうか。優しさという衣の下に、怖ろしい刃が隠されていないだろうか……

第1講でも少し述べましたが、まだインターネットやモバイルが普及する前の1980年代後半から90年代前半にかけて、僕はマルチメディアに関連した研究をしていました。

●人に優しい技術!?
原島博、廣瀬通孝、下條信輔 編
『仮想実学への序曲
―バーチャルリアリティ
ドリーム―』
共立出版 1996

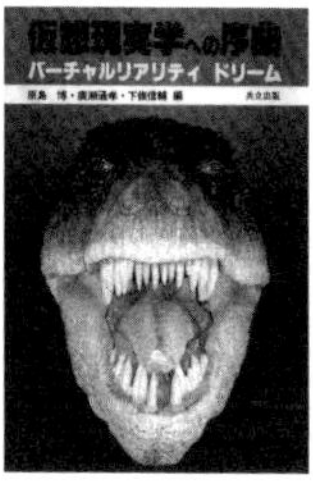

そこでまさに人に優しい技術をめざしていたのです。

自分自身への最強の批判者は自分でありたい

そのようなときに、ひとりのコミュニケーション技術者として気になっていたことがありました。それがこの第5講のテーマである「情報社会は本当に人を幸せにするのか」です。研究者はどうしても「前へ、前へ」と考えます。技術によって未来をばら色にするのだと信じています。僕もそうでした。

一方で、僕のどこかに「本当かな」と思う自分もいました。未来を展望する講演を依頼されたときも、そこで話した内容のほとんどは「前へ、前へ」でしたが、最後にほんの少しだけそのマイナス面も触れるようになりました。

かっこよく言えば「コミュニケーション技術者として、その最強の批判者はまた自分でありたい」ということです。自分のことはいちばん自分が知っているわけですから、その最強の批判者が自分であることは、ある意味では当然です。

おそらくこれから話すことは、もし分野の違う方がこういう話をしたら、コミュニケーション技術者はみな反発するのではないかという気がします。「前へ、前へ」の研究者の、自分自身への問いかけとしてつぶやかせていただきます。お許しいただければ幸いです。

2――便利さを再検証する

情報メディアを研究開発するときの謳い文句の一つは「より便利に！」です。いまスマホの時代になって、本当に便利になりました。たとえば東京で目的地まで行くには、どの地下鉄を利用して、どこで乗り換えたらよいか、あまりにも複雑です。そのようなとき、スマホで経路案内のアプリを利用すれば、一発です。どの車両に乗れば乗り換えのときに便利かも教えてくれます。

確かに便利であることは良いことなのですが、そこには落とし穴もありそうです。まずはその便利さを再検証してみましょう。

じつはこのテーマで講演したことがあります。正確には覚えていないのですが、1991年頃だったかと思います。手書きのOHPを見せながらの講演で、いま手元にそのOHPが残っています。そこには「メディアと社会、そして人間」とタイトルがついています。

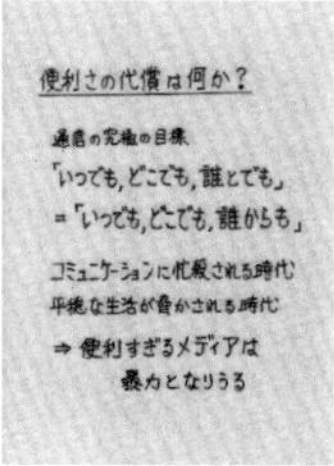
便利さの代償は何か？
通信の究極の目標
「いつでも,どこでも,誰とでも」
=「いつでも,どこでも,誰からも」
コミュニケーションに忙殺される時代
平穏な生活が脅かされる時代
⇒便利すぎるメディアは
暴力となりうる

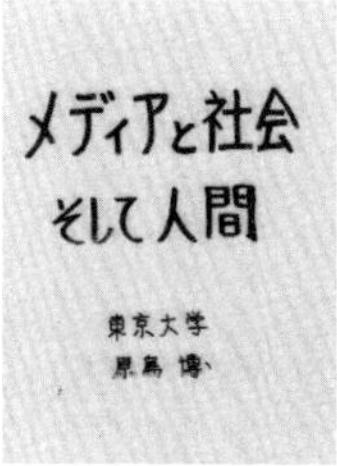
メディアと社会
そして人間
東京大学
原島博

●便利さを再検証

いくつかその中から紹介しましょう。

便利すぎるメディアは暴力になる

情報メディア、とくに通信技術の研究者の究極の目標は、「いつでも、どこでも、誰とでも」でした。それはかなり実現しています。

ここで考えてみましょう。これを「いつでも、どこでも、誰からも」と言い換えるとどうなるか。「誰とでも」が「誰からも」になっただけで、ほとんど意味は同じです。ところがこれを聞いたときの印象はかなり違います。

「誰とでも」つながるということはほんとうに便利です。一方の「誰からも」つながるはどうでしょうか。つながってほしくない人からもつながります。ストーカーからもつながるかもしれません。便利だなんて言っていられません。

「いつでも、どこでも、誰からも」つながるようになると、コミュニケーションが忙しくなってしまいます。入ってきたメールにすぐ返事を出さないと、相手は怒るかもしれません。ほんとうは静かに自分だけの時間を楽しみたいのに、そこに割り込んでくるメディアによって、平穏な生活が脅かされてしまいます。便利すぎるメディアというのは、暴力にもなりうるのです。

「誰とでも」と「誰からも」は何が違うのでしょうか。「誰とでも」は、自分から積極的にコミュニケーションしたいときには便利です。ところがこれは、コミュニケーションされたくない人にとっては「誰からも」になってしまい、ときとして不便極まりないものとなります。

ここで気をつける必要があります。技術者が研究開発をして製品として市場にでるのは、ほとんどが「〇〇をしたい」人にとって便利なのです。「〇〇をされたくない」人のことはほとんど考えられていません。

コミュニケーションが暴力になると、これは人権の問題とも絡んできます。一般にメディアに関連した人権は二つあると言われます。一つは「コミュニケーションをする権利」です。言論・表現の自由、通信の自由のように「〇〇の自由」と言われているものです。これは権利として守らなければいけません。

いま一つは、「コミュニケーションを知られない権利」です。「〇〇の秘密」という言葉で一般には言われています。たとえば通信では、通信内容の秘密、通信接続の秘密などがあります。ネットワーク会社は通信内容に立ち入ってそれを漏らしてはいけません。誰と接続したかも同様です。最近これが曖昧になっているようで気になっています。メールを受信すると、そこでの内容が読みこまれてカレンダーに自動的に予定が書き込まれるというサービスがありますが、昔はあり得ないことでした。

コミュニケーションをしない権利もある

僕はもう一つ権利があると思っています。それは人権というよりもマナーといったほうがよいのかもしれませんが、「コミュニケーションをしない権利」です。人には、自分自身の空間と時間を確保する基本的な人権があると、僕は思っています。自分の聖域に対してずかずかと入ってこられては困ります。スマホを持っているだけで、いつでもどこでも、勤務時間外であっても、デートをしている場所にも上司から連絡がくる。これは上司にとっては便利かもしれませんが、部下から見ればこんなに不便なものはありません。逃げられません。逃げようとすると上司からの評価が下がるのではないかという心配がありますから、対応せざるを得ません。

僕はコミュニケーションの前提は、相手の「個」をきちんと尊重することだと思っています。確かにつながることは大切ですが、ずかずかと相手の聖域に入ってはいけません。相手の「個」

を尊重してはじめて、つながるということが意味を持ちます。コミュニケーション社会において、改めて「個」の意味が問われているのです。

余談ですが、21世紀になってすぐだったかと思いますが、ある官庁で情報ネットワークの将来を検討する研究会があって、その座長をつとめたことがあります。そこではネットワークとこれから人はどうつきあっていくかがテーマになりましたが、そこでこのような発言をしたら報告書に載りました。当時、ホットスポットが話題になっていました。そこに行けば無線LANを通してネットワークにすぐ繋がる、そのような場所です。

ホットスポットがあるのなら、アイススポットがあってもよいのではないか、冗談のように聞こえたかも知れませんが、半ば本気の発言でした。アイススポットは、誰からもどこからも繋がらない、一種の情報シェルターです。情報から逃げ込む場所です。そのような場所があることをきちんと認めて尊重するような情報社会になってほしいという願いがありました。

これは情報環境をインストールするだけでなく、アンインストールすることも大切だという考え方にもつながっていきます。パソコンのソフトも初期の頃はアンインストールが入っていませんでした。いまは必ずついています。アンインストールできるから、安心してインストールできるのです。

便利なメディアはゴミ情報を乱造する

別の観点から「便利さ」を再検証してみましょう。便利の反対語は不便です。便利と不便は何が違うのでしょうか。

不便とは手間がかかるということです。これに対して便利は、その手間がかからないということです。不便な時代は何をするにも手間がかかりました。手間がかかるときは、いい加減なことはできません。本当に必要なことだけをします。

一方で便利になると、手間がかかりません。簡単にできます。そうするとほんとうに必要なことだけでなく、そうでないことも安易にやってしまいます。たとえば手書きでの手紙は手間がかかります。そう簡単に多くの人には出せません。これに対して電子メールはひとりに出すのも、ふたりに出すのも、100人に出すのも、200人に出すのも、メーリングリストで同報すれば手間は同じです。

これまでは、不便(=手間がかかった)から、必要(重要)な＊＊だけを生産しました。これからは、便利(=手間がかからない)なので、安易に＊＊を生産します。結果として不必要な＊＊の洪水になってしまいます。それを処理するために、最終的には受け手の負担が増大します。

ここで＊＊と書いたのはちょっと意味があって、ここに「工業生産物」ということばを入れていただいても結構です。手間がかかるときには、必要なものだけを生産したけれども、手間がかからなくなると安易に大量生産してしまいます。結果的にそれはゴミの洪水になります。そのゴミを処理するのは、生産した側ではなくて、受け取った側です。

「メール」とか「情報」とか、そのような言葉を入れても結構です。構造はまったく同じです。大量に送られてくるスパムメールをどう処理するかが、受け取る側の負担になってしまうのです。これを自動的に処理して受信を拒否あるいはゴミ箱に入れてくれるサービスもありますが、その場合は重要なメールも振り分けられてしまうのではとの心配が新たに発生します。

情報処理という言葉があります。ゴミ処理に対して、情報の時代は情報処理が重要課題となります。情報処理学会で活動している知人の研究者に、情報処理とはこのようなゴミ処理と同じ意味なのですねと申し上げたら、気分を悪くされました。

便利さは仕事や生活を楽にしない

次は、便利になって、仕事や生活が楽になるかという話です。楽になりたいから便利にしているはずなのに、ほんとうにそれによって楽になっているのでしょうか。結論を先に言うと、必ずしもそうではありません。

1964年の東京オリンピックの直前に新幹線ができました。それまでは1泊することが必要で、2日間かかった大阪出張が日帰りできるようになりました。便利になりました。問題はそれによって出張しているビジネスマンは楽になったかです。

もし2日かかるものが1日でできて、残りの1日は休むことができれば、これは楽です。でも残念ながら休めません。講演のOHPには「自由競争社会のもとでは」と記しました。そうなのです。競争社会のもとでは、ライバル会社が2日目も別の仕事をしたら、わが社もやらざるを得なくなります。そうしないと負けます。要するに競争社会のもとでは、便利になったからといって、それで楽をするわけにはいかないのです。ライバル会社がそれによってさらに生産性を上げようとしたら、わが社もそうしなければいけないのです。2倍働かなければいけない。そういうことになります。

もしかしたら新幹線ができた当初は、便利になって楽になったと思ったビジネスマンがいたかもしれません。でもそれはそのときだけです。便利さがあたりまえになって、それを前提に社会のシステムができてしまったら、競争をますます激化させるだけです。人はもっと忙しくなります。

これは自由競争社会でなければ大丈夫です。競争社会ではないところで便利になって、結果として確かに楽になったのは、家庭電化製品です。家庭は競争社会ではありません。家庭電化製品によって便利になって、当時の主婦は家事から解放されて楽になりました。楽になった時間を他のことに使えるようになりました。社会に出て仕事をすることもできるようになりました。素晴らしいことです。

要するに言いたいことはこういうことです。便利になればその分自由な時間ができて、人は本来の活動ができる……というのはウソです。便利なことは心地いいけれども、皆が使いだすと、それを前提とした人間関係やシステムが作られます。それなしには生きられなくなります。その人間関係や社会システムに、否が応でも縛られるようになります。便利さを安易に求めると、自分の首を絞めることになるのです。

便利なメディアは人と人の関係を険悪にする

コミュニケーションの研究者として、このようなことも気になっています。もしかしたら、便利な情報通信技術は、人と人のコミュニケーションをおかしくしているのではないかと。

1990年代後半だったと思いますが、「メディアには、人の関係を悪くする悪魔が潜んでいる」という内容の講演をしたことがあります。電子掲示板や電子メールがすこしずつ広まった頃です。たとえば電子掲示板をみていると、そこでのやりとりがしだいに険悪になっていくことがしばしばあります。文字だけのコミュニケーションの限界かもしれません。文字だけでは誤解を生みやすく、しかも記録に残りますから、揚げ足取りになっていきます。掲示板は他の人も見ていますから、皆の前で非難されるとかっとなるということもあるかもしれません。

似たようなことが大学の僕の研究室でも起きました。あるとき、業を煮やして、学生に言いました。「電子掲示板や研究室一斉メールには、絶対に人の悪口は書くな。人を批判することは書くな。書くのは、人を褒めることと、事務連絡だけにしろ。褒めるのはいい。みなで褒めあおう」と。

これは自分自身への戒めでもありました。メールを受信するとすぐに反論したくなることがあります。でもすぐ反論するといいことはあまりありません。反論の返信を書いてしまったら、それはまずは草稿として保存しておいて、明日の朝までとっておく。翌朝もう一度読んで、その段階で出すか出さないかを判断する。出す場合は用意したメールの文面を改めて読み直す。そうすると、いかに自分が冷静でなかったかがよくわかります。

そのようにしてネットに巣食う悪魔と対決する。それは情報社会を生きるうえで、非常に大切なことだと思っています。

3――ネットは匿顔《とくがん》のコミュニケーション社会

このようなことは、ネットでは顔を見せないでコミュニケーションしているから起こるのかもしれません。僕はこれを「匿顔のコミュニケーション社会」と呼んでいます。

匿顔は勝手な造語

「匿顔」は僕の造語とされています。いつ頃の造語かはっきりしないのですが、1995年頃かなと思います。94年に刊行した『仮想現実学への序曲』ではまだ「匿名・覆面」という言い方をしています。その直後から「匿顔」という言葉を使いだしました。

ちなみに1995年はインターネット元年ですが、同じ年に日本顔学会が発足しています。メディアにおいて人は匿顔のコミュニケーション社会を生きるようになった。顔を見せることがあたりまえではなくなった。そのような時代だからこそ顔の意味を改めて考える必要がある。これが日本顔学会設立の背景の一つである。学会設立の発起人代表としてこのような説明をした覚えがあります。

現実の社会では顔を見せることがあたりまえ

現実の社会では顔を見せてコミュニケーションすることがあたりまえです。なぜなら、顔は衣服をつけていない裸の部分です。その裸の部分をいちばん相手の見やすいところに置いて見せているから、信頼関係が生まれるのです。逆に顔をまったく見せないで信頼関係を保つことは、非常な困難をともないます。

たとえば初対面の人にインタビューするときに、大きなマスクをして、黒いサングラスをかけていたら、相手は警戒します。もしストッキングをかぶって顔を隠していたら大変なことになります。

人の顔は、他の動物に比べて柔らかくできています。直立歩行することによって、自由になった手で相手を攻撃できるようになって、硬い口で相手に噛みつく必要がなくなったからです。その柔らかくなった顔で、人は豊かな表情を表出できるようになりました。それによって、ことばでは表現できない非言語的（ノンバーバル）なコミュニケーションをするようになりました。

ネットは匿顔でコミュニケーションする社会

このように現実の社会では、顔を見せながら豊かなコミュニケーションをしてきたのに、メディアでは顔を隠してコミュニケーションするようになりました。電話は顔を隠しています。でも声の調子で雰囲気はある程度わかります。これに対して電子メールは文字だけですから、それも消えてしまいます。

コミュニケーションにおいて顔を隠すと何が変わるのでしょうか。まずはコミュニケーションの形が変わります。顔の表情などの非言語的な情報は送れないわけですから、文字の情報だけに頼るようになります。当然限界があります。誤解も生じやすくなります。それによって人間関係も悪くなるかもしれません。

コミュニケーションの形だけでなく、顔を隠すことによって人格そのものも変わってしまうかもしれません。かつて私の知人に、車を運転すると人格が変わってしまう人がいました。普段は紳士なのに、運転すると周囲を走っている車を罵倒し始めるのです。「この野郎、もたもたするな」と。当然運転も乱暴です。誘われても同乗はきっぱり断るようになりました。

顔を見せないコミュニケーションでも、似たことが起こります。顔だけでなく自分の名前も匿名にしていると、往々にして人格が変わります。ジキルがハイドになるのです。現実社会では紳士的な人が、匿名匿顔のコミュニケーション社会では、人が変わったように攻撃的になることがあります。メディアに潜む悪魔は人と人の関係を険悪にするだけでなく、それぞれの人格までも変えてしまうのです。

一方で顔を見せない匿顔は快適？

顔を隠した匿顔のコミュニケーションは快適なこともあります。何しろ、こちらの顔が見えないのだから気楽です。わざわざメイクなどの身づくろいをしなくても大丈夫です。匿名にして名前も隠しておけば、発言に責任を持つ必要もありません。

僕自身も経験していることですが、しだいに匿顔そのものが快適になって、その世界を中心に生きるようになります。顔を見せることが可能であっても、顔を見せないでコミュニケーションする方を選ぶようになります。

かなり昔ですが、研究室でこのようなことがありました。ふたりの学生が並んでそれぞれコンピュータに向かっていました。じつはそこでやっていたことはふたりだけのチャットだったのです。「そろそろお昼だけど、どこに食べに行く？」。隣にいるのだから、ちょっと横を向いて直接話した方が楽なのではと思いましたが、彼らは必ずしもそうではないようでした。いまは、これはあたりまえになっているのかもしれません。メディアのなかのコミュニケーションのほうが快適になっているのかもしれません。

4——メディアが生み出す新たな人類

90年代前半に「匿顔」という言葉を使いだしましたが、その少し前に「線人類」という言い方もするようになりました。

面人類から線人類、点人類そして……

「線人類」の線は電話線です。ネットワークです。「線人類」は、直接顔を用いて相手と話すよりも、ネットを通じて顔を隠してコミュニケーションすることが普通になって、しかもそれが快適であると思っている人たちを指します。

「線人類」の前には「面人類」がいました。面は顔、Faceです。もともと人はFace to Faceコミュニケーションが中心でした。面と向かって話す「面人類」でした。それがネットの時代になって、人々はネットでのコミュニケーションが中心の「線人類」になっていきました。

「線人類」は、線の先に相手がいます。そのうちに相手がいなくなるかもしれません。人が相手ではなくて、コンピュータそのものとコミュニケーションして、それで満足するようになるかもしれません。それはもはや「点人類」です。コンピュータのなかに仮想的な人格をつくって、その人格とコミュニケーションをします。相手が人ではないのだから、気遣いをする必要がありません。人の相手をするよりも、コンピュータの方が自分勝手にできるので気楽だと思う人たち、それが「点人類」です。

「面人類」から「線人類」、そして「点人類」へ、理系の方はすでにお気づきだと思いますが、遊んでいます。面、線、点は、数学では2次元、1次元、0次元です。そうするともっと遊びたくなります。0次元、1次元、2次元の前に3次元があったのではないかと。言うなれば「体人類」です。

「体人類」は、その名のとおり体でコミュニケーションをします。スキンシップコミュニケーションです。動物、とくに哺乳類はスキンシップコミュニケーションが基本です。それがヒトになることによって言葉が発明されて、スキンシップでなくても、距離が少し離れていても面と向かってコミュニケーションできるようになりました。顔でも表情豊かなコミュニケーションができるようになって、「面

●面人類から線人類、点人類…

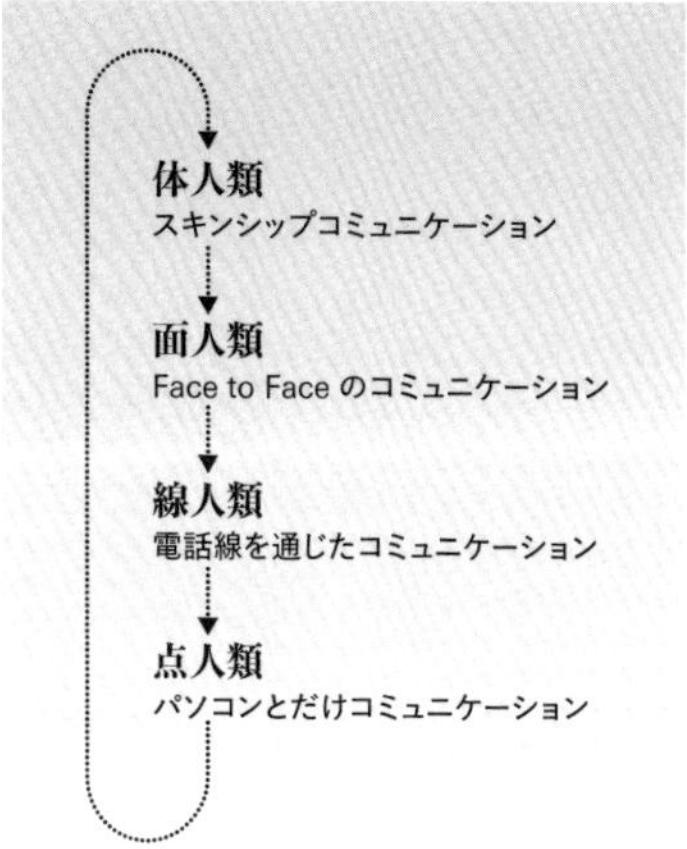

人類」になりました。これは動物からヒトへのコミュニケーション能力の進化だと思います。情報技術者は、これをもっと進化させようとして、結果的に「線人類」を多くしてしまいました。そして「点人類」を生み出そうとしています。

Mの世代
僕らはメディアの子どもだ

これは本当に進化と言えるでしょうか。これによって人のコミュニケーションは豊かになったのでしょうか。人への気遣いや共感がなくなった「点人類」は、もしかしたら動物的な「体人類」に戻ってしまったのかもしれません。

このようなことを考えるきっかけとなったある事件を、いまでも鮮明に覚えています。それは1988年から1989年にあった東京・埼玉連続幼女誘拐殺人事件です。年輩の方は覚えておられるかもしれません。Mというイニシャルの犯人（男性ですが今田勇子という別名もありました）が幼女を誘拐しては殺すという連続殺人事件です。

その犯人のMが捕まったときに、マスメディアにそのMの個室がビデオで紹介されました。そこにあったのはビデオ機器と無数のVTRカセットでした。一日中、そこでアニメ・

ビデオを中心とするメディアに向かっていたようです。それを紹介した新聞の紙面には「友はアニメ・ビデオ」「孤独に潜む異常さ」という見出しがつけられていました。

僕にはMがまさに「点人類」に見えました。電話線で話す相手も、直接顔を見合わせて話す相手もいません。そのMが、幼児を相手に動物的な犯罪を起こしたのです。「点人類」が「体人類」につながってしまいました。

ショックを受けたのは、これがたまたまあるひとりの変質者の犯罪でなく、もしかしたらメディアの将来を先取りしているようにも見えたことです。この事件は大きな話題になりました。「Mの世代」と題した書籍も出版されました。Mは犯人のイニシャルとメディアのMをかけています。そこにはこう記されています。「僕らはメディアの子どもだ、生まれたときからメディアがあり、メディアを親として育った世代だ」。

そうなのです。いまの子どもたちは生まれたときからメディアがあります。メディアを親として育った世代です。親が子守りをするよりもテレビが（あるいはゲーム機が）子守りをしている時間が長かったかもしれない世代です。その世代にとってメディアはまさに空気のような環境になりました。その空気を吸って育ちました。いま街では多くの人々がスマホに向かってメディア漬けになっています。

その結果が「点人類」を生み出し、そして「体人類」を生み出そうとしているのであれば、幼児誘拐事件の犯人であるMは、決して他人ではないのです。自分自身かもしれないのです。

5――便利で魅力的なメディアは何をもたらすか

ときどき悲観的に思うことがあります。メディアは人を蝕むウイルスかもしれません。メディアは人の内的な精神構造を汚染している可能性があります。人の外的な環境の汚染はまだ質《たち》がいいと言えます。たとえば地球の温暖化などの外的な汚染は、すぐ気づくことができるからです。それに対して内的な汚染は、自分自身がそれに気づかず、気づいたときは、もう手遅れということになりかねません。

便利で魅力的なメディアほど、この可能性があります。そのいくつかを思いつくままにあげておきましょう。これが杞憂であることを祈って。

メディアは時間の劣化をもたらす

魅力的すぎるメディアは、人にとって麻薬のようなものかもしれません。そこから離れられなくなります。たとえば子どもたちはゲームに嵌《はま》ってしまいます。それはゲームが魅力的で面白すぎるからです。大人のスマホも同じかもしれません。電車に乗っても、街を歩いていても、もしかしたら食事のときも、片手からスマホを手放せない人が多くなっています。

そのようにゲームやスマホに向っている時間は、果たして充実した時間なのでしょうか。僕には時間の劣化が起きている気がしてなりません。1日の時間は24時間、これはいまも昔も変わりません。寝ている時間、学校にいる時間や仕事をしている時間などを除くと、自由になる時間はあまり多くありません。その貴重な時間の大部分をゲームやスマホで費やしているとすれば、当然ながら他の何かが犠牲になっているはずです。

惰性で意味もなくテレビを見ていた時間がスマホに換わっただけなのかもしれません。それは問題ないと思う人もいるでしょう。一方で、たとえば本を読む時間がなくなったとすれば、あるいはひとり静かに思索にふける時間がなくなったとすれば、それはどうでしょうか。僕はそのような貴重な時間を失うことはもったいないことだと思っています。90年代にマルチメディアが全盛のときに、あるところで「人の創造性はマルチメディアに接していない時間に比例する」と講演したことがあります。いまでは「スマホに接していない時間に比例する」となるのでしょうが、この考えはいまも変わっていません。

さらにはスマホやゲームによって、たとえば家族との会話の時間が減っているとすれば、これはボディーブローのように人間関係をおかしくしていきます。すでに多くの家庭でそうなっているのではないかと危惧しています。気づいたときは、とりかえしのつかないことになっているかもしれません。

メディアは人と人の距離をおかしくする

「友達は何人いる?」と18歳から39歳まで男女にアンケートをとった結果がネットにありました。それによると平均は30人弱、これを多いと見るか、少ないと見るかは難しいところですが、僕が気になったのは、アンケートに答えた人が、それぞれ友達をどう定義しているかでした。

「私には友達が数百人いる」と思っている人もいるかもしれません。確かにネットのSNSで数百人の友達がいることは、必ずしも特別なことではありません。でもその友達のなかには直接は一度も話したことがない人、もしかしたら顔も知らない人も含まれているかもしれません。

問題はどのくらい近い関係にある相手を友達と呼ぶかです。社会心理学では人と人の距離、これを対人距離と呼んでいますが、次の4通りに分類しています。

① 密接距離（intimate distance）15〜45cm
② 個人的距離（personal distance）45cm〜1・2m
③ 社会的距離（social distance）1・2〜3・6m
④ 公衆距離（public distance）3・6m以上

密接距離は相手と密着して接する距離で、たとえば母親と赤子の関係、恋人同士の関係などがこれに相当するでしょう。個人的距離は、近くにいて相手の気持ちを察しながら接することができる距離です。これに対して、社会的距離は、自分中心に自分を守りながら相手と接することができる距離、よそよそしさが残ります。最後の公衆距離は、集会などでその他大勢の公衆との間でとる距離です。

これを先の友達に当てはめれば、SNSでの数百人はほとんど④の公衆距離にいる人も友達とみなしているような気がします。現実の社会ではこれを友達とは呼びません。これは例外だとしても、僕が気になっているのは、ネットの時代になって、人とつきあうときの標準がしだいに遠くなってきているのではないかということです。

②の個人的距離は、まさに目の前で直接人とコミュニケーションするときの距離です。目の前に顔があります。口から出る言葉だけでなく、顔の表情から相手の気持ちを察することができます。もしかしたら相手と吸う空気を共有している。これが重要なことかもしれません。ネットでは、さすがにそれは無理です。せいぜい相手との距離は③の社会的距離です。

この社会的距離は、上で述べたようにあくまで自分中心です。相手の気持ちを十分に察することはできません。ネットの時代になって、このような自分中心の人間関係が普通になっているとすれば、人とつきあうときにわざわざ直接会う必要はありません。ネットで十分だということになります。そのような時代となって本当にいいのでしょうか。

なお、新型コロナウイルスの感染が問題となっているときに、「新しい生活様式」として、現実社会においても人に接するときは、③の社会的距離をとることが推奨されました。文字どおりソーシャル・ディスタンシングです。相手と面と向かって話さないことも推奨されました。これは「感染を防ぐための生活様式」としては重要かもしれませんが、決して感染終息後は「新しい生活様式」として定着してほしくないと思っています。これがあたりまえになると人間関係が変わります。

マスクも微妙です。匿顔のコミュニケーションが、ネットだけでなく現実社会でも普通になりました。仕事だけのつきあいだったら、それでよいかもしれません。一方で相手の気持ちを察して共感するコミュニケーションは、マスクをつけていたのでは限界があります。問題はマスクをつけた匿顔が、それなりに快適であることです。現実社会でも自分中心の人間関係で満足してしまいます。

メディアは知識とコミュニケーションの断片化をもたらす

いまやネットは情報の宝庫です。検索サービスを利用すれば、ほしい情報を簡単に手に入れることができます。これさえあれば紙の書物など読む必要がないと言う人もいます。教科書も売れなくなりました。

でも注意が必要です。ネットから得られる知識は、書物に比べればはるかに断片的です。人工知能によってそれなりに知識をまとめてくれるネットサービスも登場していますが、程度の問題です。教科書のようにきちんと知識が体系づけられていません。もしそのようなネットの情報だけで満足してしまうようだったら、それはその人の脳そのものが断片的になってしまっているということかもしれません。

コミュニケーションも、ツイッター（現在はX）やＬＩＮＥなどを利用する時代となりました。そこでやりとりされる情報も断片的です。ツイッター（X）は１４０文字に制限されています。ＬＩＮＥも基本的にはチャットシステムですから、短いやりとりが基本です。どうしても断片的になってしまいます。

注意しなければいけないのは、相手と断片的な対話しかできないと、自分との対話も断片的なものになってしまうことです。もともと言葉（言語）は、相手との対話ではなく、自分自身と対話（思考）するために発達したとする説があります。断片的な会話しかしていないと言語能力が発達しません。貧弱な言語能力からは貧弱な思考しか生まれません。

メディアは知識とコミュニケーションの偏在化をもたらす

メディアには、プッシュ型とプル型があります。プッシュ型は、新聞やテレビのようにニュースを、受け手の好みに関係なく一方的に押しつけてプッシュしてくるものです。たとえば新聞では、ほしくないニュースも紙面を広げると自然にとびこんできます。テレビも、こちらでニュースを選択することはできません。これに対してインターネットでは、ニュースをキーワードで検索して、それだけを閲覧することができます。これはプル型です。引き出す形でニュースを取得できるので、この名があります。

受け手からみれば、プッシュ型は受動的、プル型は能動的です。これからは情報に接するときは、すべからく能動的かつ主体的であるべきだ。1990年代にマルチメディアが登場してきたときに、そのように言われました。その意味では、プッシュ型のマスメディアよりも、プル型のネットの方が優れたメディアであるということになります。

本当にそうでしょうか。プル型だと、しだいに自分の好みのニュースや情報しか接しないようになります。能動的に選択できるということは、見たいものしか見なくなることを意味します。その結果、しだいにそれぞれの知識は偏ったものになっていきます。知識の偏在化です。

情報を提供するメディアも、検索履歴などを学習して、ユーザーが見たい情報ばかりを自動的にフィルタして提示します。多くのネットサービスは、そのようなアルゴリズムになっています。ユーザーはそれに気づかずに、幅広い情報が得られていると錯覚します。その結果、ユーザーの情報環境は、利用者が意識しないまま偏ったものになって、その世界のバブル（泡）のなかに閉じ込められていきます。このようなネットの情報環境は「フィルタバブル」と呼ばれます。こうして多様な知識を取り入れて、ときには自分と違う考え方に触れて、柔軟な思考をすることが難しくなっていきます。

コミュニケーションそのものも偏在化するかもしれません。現実の社会にはいろいろな人がいます。付き合いたくない人もいるかもしれません。しかし、そのような人とも付き合わなければいけないのが現実社会です。これに対してネットでは、たとえばSNSでは友達を選べます。付き合いたい相手とだけ付き合うことができます。しだいに自分と同世代で、しかも趣味や考え方が似ている人とだけコミュニケーションするようになります。まさに偏在化です。ネットは、つながりたい人だけがつながる排他的空間となって、世代や趣味・関心事で輪切りになった偏った人だけが集まる均質な空間になっていきます。

メディアは人と人を分断する

僕が心配するのは、このような知識とコミュニケーションの偏在化が、しだいに人々を分断していくのではないかということです。それぞれが自分につごうがよい、心地よい情報だけに触れるようになって、コミュニケーションする範囲もそれに限られている、そのような社会を生きるようになります。

「エコーチェンバー」と呼ばれる現象があります。ソーシャルメディアを利用するときに、自分と似た興味や関心を持つユーザーだけをフォローするとどうなるでしょうか。そこで自分の意見を発信すると、それを支持する似た意見が返ってきます。これを閉じた小部屋で音が反響する物理現象にたとえて「エコーチェンバー」と呼びます。これによって自分の意見が社会的にも正しいと思い込むようになります。

こうして生まれるのは自分と異質な人たちを排除する排他的な社会です。すでにメディアが発達した先進国ではそれが起きているように思われてなりません。政治家はそれを利用します。利用するだけでなく助長します。社会は分断していきます。

もともと情報メディアは、それが発展することによって人と人のコミュニケーションギャップがなくなる、僕のような研究者はそれを期待して信じてきました。一方で、それが結果として社会を分断することになっているとしたら、どのように考えればよいのでしょうか。悩みは深まります。

メディアは他力本願の依存人間をつくりだす

暗い話ばかりになって申し訳ありませんが、最後にもう一つあげておきます。第2講でコンピュータの進化の話をしました。そこで述べたように20世紀にインターネットやモバイルなどの情報インフラが整備されて、21世紀になって、それを前提にあらゆる環境が情報化されました。「環境の情報化」です。いまやその膨大な情報(ビッグデータ)は人の力では処理できず、代わって人工知能にそれを期待する時代がきたことを話しました。これが、いま人工知能がブームになっている背景です。「環境の知能化」の時代になろうとしています。

ここで問題としたいのは、この人工知能がこれからどうなるかではではなくて、それによって人がどう変わっていくかです。人工知能が人の知能を超える日がすぐ先、たとえば2045年に到来するとの説もあります。

もしそのような時代になったら、人は自分自身で判断するのではなく、人工知能の判断にしたがった方がよいと考えるようになるでしょう。自力本願ではなく、もっぱら人工知能に他力本願する依存人間が増えていきます。

これはどのような時代を到来させるのでしょうか。それは人類の長い歴史にあって、どのような意味を持つのでしょうか。これは次の第6講で改めて触れることとします。

6――まとめ――優しさの再検証

この第5講では「情報技術は人を本当に幸せにするのか」というタイトルのもと、情報技術がどのような時代をもたらす可能性があるかを探ってきました。ここに挙げたのは暗い話ばかりで、情報技術によるデジタル文化の否定論のように見えたかもしれませんが、そうではありません。その将来に期待しているからこそ、負の側面が気になっています。

技術の「優しさ」は人にとって何を意味するか

最後に少しだけ付け加えて終わりたいと思います。それは本講の冒頭で述べた「技術の優しさ」に関連したことです。

僕自身が関わってきた分野のここ数十年のキーワードは「人に優しい技術」でした。これまでは技術中心で人はそれにあわせるように強いられてきた。これからはそうであってはならない。技術は進歩しているのだから、これからは技術が人にあわせなければならない。技術は人に優しくなければならない。そのような技術の流れです。

これはある意味では当然の流れなのですが、本講の冒頭でも述べたように、1990年代前半から「本当か」とも思うようになりました。それは次のような意味でした。

これまでは技術が未熟だったから、むしろ人にとって安全だったのではないか。使いにくい技術であったら、人はそれに距離をおきます。距離があれば安全でした。ところが技術がだんだんと高度になると、それは優しそうに人に近づいてきます。それは見ようによっては危険なことです。

例が適当であるかどうかわかりませんが、たとえば女性にとって優しそうな顔で近寄ってくる男性は危険です。その逆もあります。もしかしたらその優しそうな衣の下に鎧、さらには刃が隠されているかもしれません。もっとも親切そうな顔をしている職業は詐欺師だという冗談もあります（冗談でないかもしれません）。

技術は、それが優しそうな顔をして人の聖域まで入ってくると、人そのものを変えてしまう可能性があります。人が自らを変えてしまうという言い方が正しいかもしれません。人には優れた適応能力があります。だからこそ危ないのです。本講で述べたさまざまな情報技術のマイナス面も、ここからくるのかもしれません。

コンピュータは人の友人でなく、友物であってほしい

1994年の1月に『bit』という、いまはないコンピュータ関連の雑誌に、次のようなタイトルの巻頭言を執筆しました。「コンピュータは、人間の友人になってほしくない。あくまでも友物であってほしい」。

コンピュータがモノとして使いやすくなるということと、それが友人と同じような存在になることはまったく別です。友人であるということは、そこに人格を認めることです。それは実際の友人よりも、自分に対して従順で、しかも自分に優しい友人になります。

コンピュータは友人になるのではなくて、友物であってほしい。人に優しいということは、人と同じような優しさを持つことではなくて、あくまで物としての優しさであるはずだ。その物としての優しさとは何であるかをきちんと考えるべきだ、それが、僕が言いたいことでした。

さらには、「機械は人間になれない。なろうとしてもいけない」という趣旨の原稿を執筆したことがあります。いま述べたことと同じ趣旨ですが、機械すなわちロボットは友人になってはいけない。むしろ友物になってほしい。ロボットは、いかに見せかけの知能を持っ

ても、人間にはなれません。人間になろうとしてもいけません。

この後に「人は機械になれる。しかしなってはいけない」と続けました。人は適応能力が高いので機械に合わせることができます。しかし、機械と同じになってはいけません。ちょっとキザですね。


ということで、情報技術（IT）の時代にあって、改めてコミュニケーションのありかたが問われています。それは人と人のコミュニケーションだけでなく、人と機械（人工知能）のコミュニケーションも含みます。どのようなコミュニケーションをするかによって、人そのものが変わっていきます。

この問題に関して、僕はまだ結論がでていません。もしかしたら永遠に答えが出ないかもしれません。答えが出ないから考えても無駄ということでなくて、いつも考え続ける。それが大切なのではないかと思っています。

第6講

情報技術の発展と人類の未来を展望する

本書では「情報の時代を見わたす」と題して、情報技術の歴史を俯瞰して、そのさまざまな側面を探ってきました。

簡単に振り返ると、第1講でまずは全体を俯瞰して、第2講ではコンピュータの進化を1946年の誕生から70数年にわたって眺めてきました。第3講では、そのコンピュータの時代を18世紀末の産業革命以降の近代の歴史に位置づけて、そこでのコミュニケーション技術の流れを俯瞰しました。そして第4講では、この近代という時代そのものを、中世と対比させることによって、情報文明という観点から考察してきました。第5講は、もう一度足元に立ち戻って、このようにして到来した情報の時代が、果たして人を幸せにしているかを考えました。

そしていよいよ（補講を除いて）その最終講です。情報技術がもたらす未来を、勝手に展望します。情報技術の発展は人類そのものの未来とどう関わっているのでしょうか。もちろん未来ですから、どうなるかはわかりません。以下では複数通りのシナリオを考えます。ただしおことわりしておきたいことがあります。どのくらい先を未来としてイメージするかです。日進月歩で進化する情報技術の世界では、それこそ数年先がはるかな未来かもしれません。情報関連のビジネスに関わっている人からみればそうかもしれませんが、ここではそのような近未来は考えません。少なくとも数十年後、さらにはその先を想定します。

もう一つおことわりしておきます。僕自身は情報技術の研究者でしたが、技術そのものの将来は扱いません。関心があるのは、情報技術によって人がどう変わっていくかです。大げさに言えば人類の未来です。

1――いまの延長としての発展シナリオ

考えやすいのは、いまの延長としての未来です。歴史は過去から現在、そして未来へとつながっていきます。未来をいまの延長と考えることは自然なことです。まずはその立場から、未来を予測してみましょう。

これは、いまの近代という時代がこのままずっと続くことが前提です。産業革命以降、私たちの生活は豊かになりました。これがこのまま続けば、バラ色の未来があると夢見ることもできるでしょう。それは本当なのでしょうか。

近代は科学技術の時代であった

近代は科学技術の力によって発展してきました。多くの科学技術者はこう信じています。科学技術はこれまでと同様に人類の発展に貢献すると。一方で、それは公害問題をはじめとして、産業廃棄物も含めてさまざまな課題を残しました。でも科学技術者はこう言います。たとえ科学技術によって一時的に問題が生じたとしても、人類は科学技術の力によって必ずそれを解決して発展するのだと。科学技術がもたらした負の側面は、科学技術によって解決する。それは科学技術者の責任であり、使命であると。

その科学技術において、情報技術がいま旬です。めまぐるしい勢いで発展しています。誰もこの勢いは止めることはできません。たとえある国がそれに問題があるとして止めたとしても。別の国がそれをますます発展させます。

もしかしたら、あまりに速い発展に、人がなかなか追いつけずに戸惑うかもしれません。しかしそれが時代の大きな流れであるとすれば、その発展にきちんと対応していかなければ、時代に取り残されます。技術の流れを止められないとすれば、人の方が変わっていかなければならないのです。

似たようなことが、産業革命のときにもありました。工場が機械化され、それまでの労働者は職を失いました。ラッダイトと呼ばれる機械破壊運動が、19世紀前半にイギリス中・北部の織物工業地帯で起こりました。もちろんそれによって産業革命の進行は止まりませんでした。工場の機械化は歴史の必然でもあったからです。いまそれを前提に社会システムがつくられ、人がそれに適応する形で時代は動いています。人にはもともとそのような素晴らしい適応能力があるのです。

いまほとんどの人たちは、情報技術の発展によって素晴らしい時代になったと思っていることでしょう。その恩恵にたっぷり漬かっています。たとえば毎日の生活でスマホを手放せなくなっています。この情報技術によって、これからますます便利になります。SNSを活用することによって友達も増えるかもしれません。生活も情報化されることによって快適になり、スマホに個人の生理データを記録すれば健康管理もできます。

仕事も、情報技術によってテレワークがあたりまえになれば通勤地獄がなくなります。働き方改革ができます。産業もますます進化します。ドイツで提唱されたインダストリー4・0は、工場をネッ

▶多くの科学技術者はこう信じている

- 科学技術は、今後も人類の発展に貢献する
- 問題が生じても、科学技術の力で解決できる

▶特に情報技術は、これからますます発展する

- その発展は止められない
  後戻りできない
- 人が変わっていかなければならない

トワーク化することによって、製造業の変革を狙っています。日本のソサエティ5・0は、情報技術によって社会のさまざまな課題を解決することを謳っています。

人工知能が人を超えるシンギュラリティは近い

そしていま、人工知能が注目されています。人工知能がどのような背景で注目されたかは第2講で説明しましたが、おそらくこれからの時代を牽引する強力な推進力になっていくことでしょう。

いまの人工知能の進歩にはめざましいものがあります。すでにコンピュータの計算能力や記憶能力は、人を大きく上回っています。思考能力も、将棋や囲碁の世界では人を抜きました。人の質問に答える対話型の生成AIも登場しました。IoT時代のインターネットのビッグデータを学習して、これからますます進化していくことでしょう。

近い将来、たとえば2045年に、人工知能は人の知能を超えるという説があります。未来学者のレイ・カーツワイル（1948–）が2005年の著作で「シンギュラリティは近い」と宣言したものがこれで、シンギュラリティは技術的特異点と訳されることもあります。

カーツワイルは自身が提唱する収穫加速の法則にもとづいて、千ドルで手に入るコンピュータの性能が全人類の脳の計算性能を上回る時点としてこれを予言しています。

シンギュラリティは、技術開発がこのまま発展するとしたときに、人がその先を予測できる限界です。シンギュラリティの後では、科学技術の進歩は強い人工知能が支えるようになります。収穫加速の法則によれば、そもそも科学技術は直線的でなく指数関数的に進化しています。その科学技術の所産の一つである人工知能も指数関数的に進化します。そしてその人工知能が生みだすものはさらに指数関数的に進化するのです。

これに対して、人は過去の傾向にもとづいて直線的にしか未来を想像できませんから、指数関数的に進化する人工知能の未来は予測できません。そしてその人工知能が生みだす未来がさらに指数関数的に進化するとすれば、それは予測できる地平線の遥か先です。それがシンギュラリティです。

人類は人工知能によってポストヒューマンへ

そのとき人はどうなるのでしょうか。取り残されるだけでしょうか。そのようなことは

●未来学者の予言

レイ・カーツワイル
井上健［監訳］
『ポスト・ヒューマン誕生
—コンピュータが
人類の知性を超えるとき』
NHK出版2007

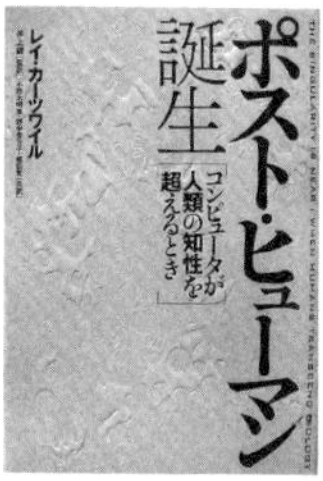

ありません。情報技術によって、人の能力も進化させればよいのです。スーパーヒューマンへの道です。これが次に述べる人類の未来への第一のシナリオです。

第2講で述べたように、近代の科学技術は、ひたすら人の能力の拡大をめざしてきました。たとえば交通機関は足の能力の拡大、電気通信をはじめとするメディアは目、耳の能力の拡大です。そしてコンピュータは脳の能力の拡大です。バーチャルリアリティ(VR)や人工知能はその延長線上にあります。メタバースによって人の活動空間も広がりました。

そして究極の進化は人そのものの能力拡大です。人工知能を人の脳に組み込めば、人はスーパーヒューマンになります。さらには身体も改造してサイボーグ化すれば、人ははるかに強力になります。人類はこうしてシンギュラリティの先の時代に対応していくのです。

人の遺伝子(DNA)を人工知能によって操作して、ホモ・サピエンスを種として進化させることも可能です。新たな人類であるポストヒューマンの誕生です。もともと生物学的な進化は、ダーウィンの進化論にもとづいて、突然変異と自然淘汰によって数万年かけて起こるものでした。これに対して遺伝子の情報を直接操作しておこなわれる人為的な進化は、瞬時にして起こります。これは自然進化から人の英知による計画的進化の時代となることを意味します。カーツワイルは、次のように豪語しています。

「そもそも種とは生物学の概念であり、私たちがしようとしているのは生物学を超越することなのだ。私たちは生物進化の一切をひっくり返そうとしているのだ」と。

最終的には人類は宇宙の独裁者となる

さらにこの先があります。人類をこのように改造すれば、宇宙への進出も可能になります。人類がたとえば宇宙のある惑星に進出するときの最大の難関は、その惑星を人類が生息できるようにいかに改造するかでした。テラフォーミングと呼ばれる惑星改造計画ですが、もちろん簡単ではありません。

考えてみたら惑星を改造するよりも、その惑星で生息できるように人類を改造する方が、はるかに現実的かもしれません。惑星改造ではなく人類改造です。物理学者のフリー

第一のシナリオ

科学技術(情報技術)によって人はスーパーヒューマンとなる

- **いま人工知能の進化はめざましい**
  ビッグデータを自ら学習して、これからますます進化する。
- **2045年、人工知能は人の知能を超える**
  「シンギュラリティ」(カーツワイル)
- **その人工知能によって、人そのものも画期的に進化する**
  人よりもはるかに優れた人工知能を人の脳に組み込むことによって、人は「スーパーヒューマン」になる。
- **身体も改造してサイボーグ化することによって、はるかに強力になる**
  遺伝子(DNA)も人工知能によって、書き換えられて、種としても強くなる
- **人類の改造によって宇宙に飛び出してその独裁者となる**

マン・ダイソンは、次のように遠い未来を予測しています。

「遺伝子操作によって自らを設計することによって、人類は今後100年のスケールで、太陽系内に多くの居住区を見出すようになる。1000万年のスケールで、天の川銀河に人類が満ちるようになる」。

こうして人類は宇宙の独裁者になっていきます。最後は遠未来の話になってしまいましたが、これが近代を延長した第一のシナリオとして前頁にまとめたものです。

2――人工知能がもたらすかもしれない近未来

少し先へ行き過ぎたかもしれません。人工知能の進歩は急です。人がスーパーヒューマンになる前に、これとは全く異なる第二の未来シナリオが展開されるかもしれません。

人工知能と張り合うことをやめて素直に従う

近い将来に人工知能が人を遥かに超えた優れた知能を持ったときに、人はどのように行動するでしょうか。

ここで質問です。「あなたは重要な決断に迫られたとき、人の判断と人工知能の判断のどちらを信用しますか」。人の判断はあくまでその人の主観です。あてになりません。これに対して人工知能の判断は、大量のデータにもとづいています。正しさという観点からは、人工知能の判断に従った方が賢明です。

そうなのです。人は人工知能と張り合うことをやめて、素直にそれに従えばよいのです。面倒なことは人工知能にまかせて、人はその恩恵だけを享受すればよいのです。人工知能も含めて機械は、24時間働いてくれます。文句も言いません。これは素晴らしいことです。人工知能にまかせれば社会の生産性も上がります。経済も発展します。人工知能によって人の仕事が奪われることなど心配することはありません。面倒な仕事は人工知能がしてくれますから、人は労働から解放されます。問題は、人工知能による経済発展で得られた利益をどう人が分配するかだけです。

人工知能は神となり歴史を大きく変える

しかし、ここで考えてみましょう。もし人よりも人工知能の判断を信ずるようになったら、そのとき時代はどう変わるでしょうか。それは人が自分で判断することはやめて、自らを超えた存在の教えに従って行動することを意味します。自らを超えた存在は、中世までは神でした。その教えに従って行動するということは、これからまた宗教の時代になることにつながります。

その宗教の名前は「ＡＩ教」です。ただし、ＡＩはもはや人が人工的につくった知能、すなわちArtificial Intelligenceではありません。人をはるかに超えた万能の知能を持った神、すなわちAlmighty Intelligenceです。

このように新たな宗教の時代になることによって、歴史は大きく変わります。そもそも近代は、人の理性を信じて、自らに判断能力があることを前提とした時代でした。近代の人間中心主義や自由主義はこれに基づいていました。そうであるのにもかかわらず、次の時代が人を超える絶対者を認めて、再び宗教の時代に入るとすれば、もはやそれは近代ではありません。

そのときは政治体制も大きく変わっているかもしれません。近代の民主主義は、人の理性が前提でした。理性のある人が合議して決定するのが民主主義でした。決して多数決が民主主義ではありません。一方でこの民主主義は合議に時間がかかって非効率でした。結論が正しいとは限りません。

そうなると、政治は正しい判断ができる人工知能にすべてまかせておいた方がよいと思う人がしだいに増えていくことでしょう。人工知能による独裁政治の時代への突入です。

かなり極端な議論に思われるかもしれませんが、これが第二のシナリオです。問題提起として受け取ってください。

このような未来の結末は予言されていた

いくつかのSFは、このような未来を予測しています。そしてその結末も示しています。

第二のシナリオ

人工知能が神となって
人はAI教の信者となる

▸**人工知能は人よりも賢い判断をする**
人は自分で判断することはやめて、人工知能の教えに従って行動するようになる

▸**人工知能は、人にとって「自らを超えた存在＝神」となる**
これから宗教の時代になる
その宗教はAI（Almighty Intelligence）教

▸**いま「近代」が終わろうとしている**
近代 は人の理性を信じて、自らに判断能力があることを前提とした時代

次の時代は、人を超える絶対者を認めて、再び宗教の時代に入る ＝ 歴史が変わる

▸**そのときは、政治体制も変わっている**
人の理性を前提とした民主主義から
人工知能の独裁体制へ

厳密にはSFではありませんが、僕が好きな漫画作品を一つ紹介しておきます。

それは手塚治虫の『火の鳥』の未来編です。この未来編は1967年12月から1968年9月まで雑誌『COM』に連載されました。ご承知の方も多いと思いますが、火の鳥は完結せずに手塚治虫は亡くなってしまいました。火の鳥は全11巻ありますが、未来編はその2巻目です。全巻の構成は、過去・未来・過去・未来と交互に描かれて、しだいに現代に近づく形になっているので、その2巻目である未来編が、もっとも未来の最終的な結末とも言える内容になっています。

西暦3403年、人類は死にかかった地球の深い地下に都市国家を建造して居住していました。その都市国家は五つあって、それぞれ人工知能ロボットによって独裁的に支配されていました。その支配者である人工知能ロボットが、あるときつまらないことで互いに感情的に対立してしまいます。そして、人のことはおかまいなしに最終戦争を勃発させてしまいます。これによって人類は完全に滅亡してしまうのです。

まさにこれは人工知能に支配された未来を暗示しています。さすが手塚治虫です。じつは未来編はこれで終わりません。その続きがあって、そこに手塚治虫の真骨頂があるのですが、紹介するのはここまでとしておきます。

結局、いまの延長としての未来はどうなるのか

こうして二通りの未来のシナリオを考えてきました。一つはスーパーヒューマンへの道、いま一つはＡＩ教信者への道です。いずれも近代という時代が続くこと、人工知能がますます進化することを前提としています。第2講でも述べたように、コンピュータの歴史にあって、いまたまたま人工知能が話題になっています。それに引きずられているかもしれません。

一方で、この二つのシナリオは、陳腐ですがわかりやすい未来予測です。ここでは問題提起の意味で、あえて極端なシナリオを示しました。おそらくは未来はこの二つのシナリオの間を揺れ動くことになるのでしょう。あるいはこの二つの未来が同時に進行して、片やスーパーヒューマン、片やＡＩ教信者と、その間に深刻な格差を生むことになるのかもしれません。むしろそのことが心配になります。未来はそう単純ではありません。

3――近代の延長でない第三の未来シナリオ

第三の道はないのでしょうか。第三のシナリオは、これまでの延長でない未来を予測することです。これは難問です。なぜならば、予測は基本的には過去から現在までの流れをそのまま先へ伸ばすことによっておこなうものであるからです。延長ではない未来とは、そこに何らかの不連続があることを想定することになります。どのような不連続を考えるかは、あまりにも選択肢が多すぎて、予測はほとんど不可能です。

せめてできることは、これまでの近代を批判的に見直すことです。そして未来はこうあってほしいという期待、あるいは未来をこうしたいという意志を語ることです。この立場から限られた視点かもしれませんが、改めて近代がどのようなものであったか、そこにどのような問題があったかを見直してみましょう。

近代とはどのような時代であったのか

近代は産業革命から始まります。産業革命は、数億年かけて地球に蓄積された化石エネルギーを、いま現在を生きるために一気に消費することを可能にしました。これは人類の飛躍的な発展をもたらしました。

　人口のデータをみても、産業革命を境にして地球の人口は急激に増加しています。国連の推定では19世紀末の１９００年におよそ16億人だった世界人口は、20世紀半ばの１９５０年におよそ25億人となり、21世紀のいまでは80億人を超えているとされています。これほどの急増は歴史的に未曾有のことです。

　果たしてこれは持続可能でしょうか。産業革命以降の近代において、人類は地球上に蓄積されていた財産を、一瞬にして使い果たしてしまいました。代わって、大量の廃棄物を負の遺産として次の時代に残してしまいました。地球の生態系もおかしくしてしまいました。それは回復不能かもしれません。

　おそらくこれから地球の人口はしだいに減っていくことでしょう。すでに日本も含めた先進国は人口減少が深刻な課題となっています。このような産業革命以降の急激な人口増加とその後の人口減少を後世の歴史家が見れば、それはまさに一時的なバブルであったとみな

●産業革命による人類の飛躍的な発展
「世界人口の推移（推計値）」

国連人口基金駐日事務所ホームページをもとに作成

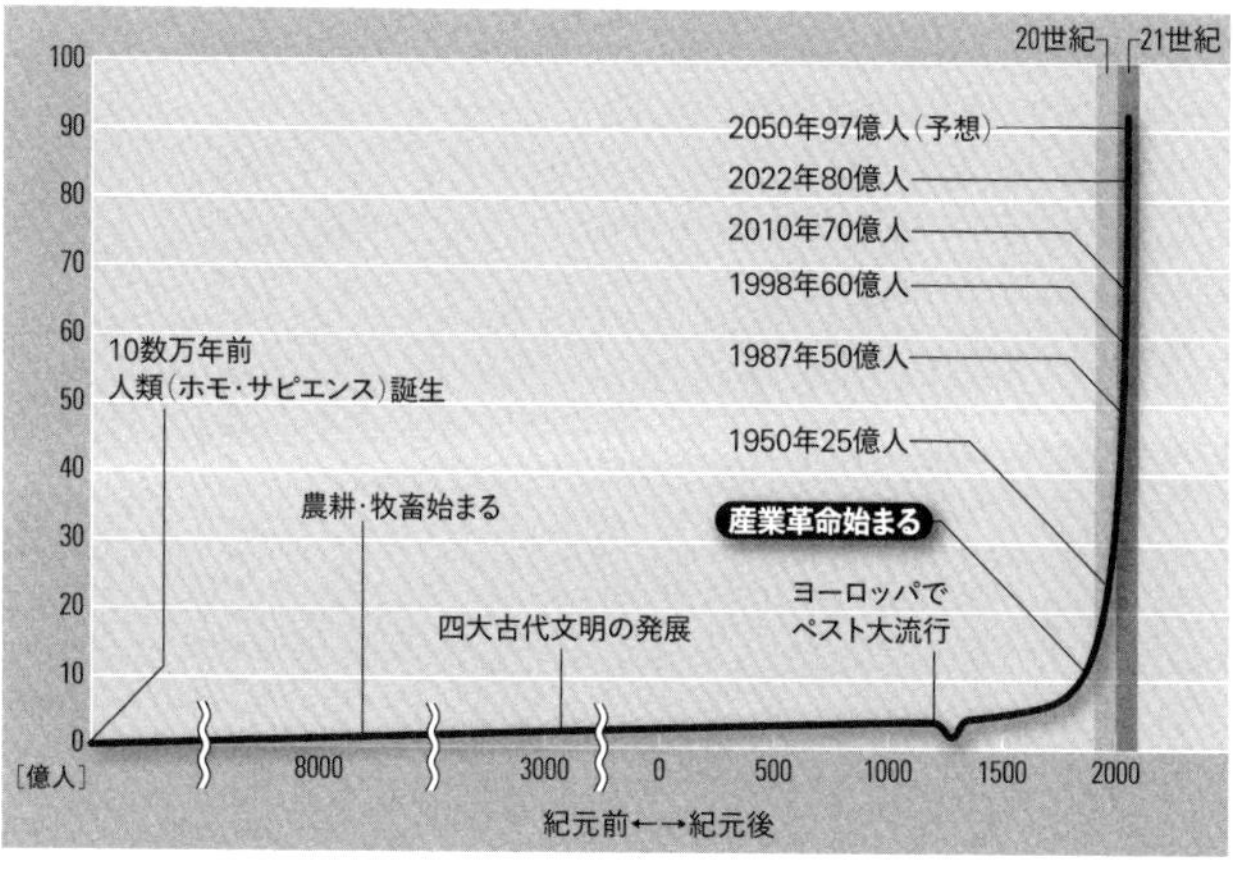

されるかもしれません。

いずれにせよ、これまでのような近代は持続可能でないと見た方がよさそうです。持続可能でないとしたら、近代そのものを見直し、近代を超える次の時代へ向けた準備をそろそろ始める必要があります。そのシナリオがどのようなものとなるか、ヒントを次に探ってみましょう。

近代は分業によって
人々は受動的消費者となった

「成長と拡大」は近代を象徴するキーワードでした。ここでもう一つ、近代の社会システムの基本となっているキーワードとして「分業」を挙げたいと思います。

近代は分業を前提とした経済によって発展した時代でした。まずは生産と消費が分業されました。その前の農業社会では、基本的に生産と消費は一体でした。それが工業社会になると、もっぱら生産は工業を中心とする産業の役目となりました。産業は分業による効率化によって生産性を高めました。大量生産も可能になりました。それを経済発展の原動力としたのです。

一方で人々は、もっぱら産業が生産したものを消費するだけの存在になりました。産業はそこで大量生産したものを、人々に金銭で大量消費することを要求しました。その大量生産と大量消費は、環境問題を引き起こしました。

さらには生産をしない消費者は、しだいに自らの生活のかなりの部分を金銭でアウトソーシング（外注）するようになりました。かつて自ら縫製していた衣服は、いまでは金銭で購入します。食料もコンビニへ行けば、完成品を購入できます。モノだけではありません。教育も家庭で自らするのではなく、学校や塾にアウトソーシングしています。隣近所で互いに助け合うこともなくなりました。助け合いも税金という形で公共の自治体にアウトソーシングする社会になりました。

こうして人々はもっぱら「受動的消費者」になりました。人々は自ら作った管理社会で完全管理されて生きるようになりました。

受動的消費者から創造的生活者へ

ここで問題提起です。このように受動的消費者として生きることは、人の本来の姿でしょうか。確かにすべて完璧に管理されていれば、それに甘んずれば便利で快適です。本講の前半で述べた近代の延長シナリオは、このような生き方をますます加速しているようにも見えます。

一方で思います。長い人類の歴史において、人は単に受動的消費者でなく、もともとは「創造的生活者」だったのではないでしょうか。ここに創造的生活とは、自らの生活をそれぞれが創意工夫することによって自己実現が図れる生活です。そして、それを地域などのコミュニティで共有して、互いに助け合って共創する生活を意味します。

人は必ずしも物質的な消費だけに幸せを感じていません。もともと人々は、日々の創造的な生活に喜びと幸せを感じていたのではないでしょうか。それが文化であったと思っています。文化にはいろいろな定義がありますが、「人々が生活のなかで展開している創造的な試み」がまさに文化です。

僕自身は情報技術の研究者でした。その立場から、情報技術がこのような文化＝創造的営みを、どこまでサポートできるかに関心があります。これが可能になれば、近代を超える一つのヒントになるかもしれません。

そのキーワードの一つは「完全管理から新たな野性へ」です。ここに野性とは必ずしも自然のなかで生きることではなくて、完全管理を前提としないで自分の力で生きる能力です。そして「アウトソーシングから自助、共助へ」。自らの生活を金銭でアウトソーシングするのではなくて、自分のことはできるだけ自分でする、そして自分たちで互いに助け合う社会です。このような流れを、僕は「受動的消費者から創造的生活者へ」なる標語でまとめて表現しています。

いま時代は第三の波として少しずつその方向をめざしている

これは夢物語のように思えるかもしれません。じつはこれと似たことは1980年頃に提唱されています。アメリカの未来学者であるアルビン・トフラー（1928–2016）の『第三の波』（1980）のなかに登場する生産消費者（プロシューマー）です。トフラーは、人類はこれまでに大きな変革の波を二度経験してきたとしています。すなわち

第一の波：農耕の開始による農業革命
第二の波：18世紀に始まった産業革命

生産消費者（プロシューマー）

▶アルビン・トフラー
「第三の波」（1980）

- 第一の波：農耕の開始による農業革命
- 第二の波：18世紀に始まった産業革命
- 第三の波：情報化による脱工業化社会

- 工業化社会（第二の波）では生産者と消費者が分離されたが、脱工業化社会（第三の波）では消費者は生産にもかかわる「生産消費者」となる

です。そしてこれから到来するのが

第三の波：情報化による脱工業化社会

としています。工業化社会（第二の波）では、生産者と消費者が分離されましたが、脱工業化社会（第三の波）では、消費者は生産にもかかわる「生産消費者」となります。これがトフラーの主張です。僕はこの「生産消費者」をより積極的に「創造的生活者」と呼んでいます。生産して消費するだけが人の生活ではないと思うからです。

4――生活者革命をもたらす情報技術

トフラーが生産消費者を主張した1980年代は、この構想はまだ現実味はなかったかもしれません。僕が注目したいのは、この方向を支える情報技術の兆しが少しずつ見えだしたことです。

プリンタの出力として
モノを生産する情報技術

第2講で、情報技術はいまIoTとしてモノに結びつこうとしていることを述べました。これは、とりあえずはモノの情報をネットワークで流通させることですが、将来は情報技術が「モノを作る（生産する）技術」として発展することが期待されています。すでにモノの設計図は、コンピュータのなかにあります。そこから自動的にコンピュータの出力としてモノを生産できれば、まさにそこで情報とモノが完全に一体化したことになります。

いわば「モノのプリンタ」です。すでにそのプロトタイプは3Dプリンタとして登場しています。注目したいのは、それが2Dのインクジェットやレーザープリンタと同じように、個人向けに登場したことです。

いまはまだモノの製造機械は工場におかれています。それが小型化され、コンピュータと結びついてモノのプリンタとして普及すれば、個人でもモノの生産ができる時代になります。モノづくりはファブリケーションと呼ばれることがありますが、まさに「パーソナルファブリケーション」の時代の到来です。自分で必要なものは自分で作る時代です。

もちろん個人でなければいけないというものではありません。個人で悪戦苦闘するよりも、地域で一緒に暮らす人が互いに協力して、それぞれのノウハウを生かす形でモノを生産する方が現実的かもしれません。それは「ソーシャルファブリケーション」と呼ばれます。いわば地産地消です。

大きな工場を持たない発展途上国でも、このような形の生産であれば自分の国でできます。設計図がネットワークで流通していれば、それに基づいて、その土地の素材を用いて生産すればよいのです。

これはまさに近代において、大企業を中心に産業が担ってきたモノの製造が、パーソナル化する動きです。この動きは21世紀になってすでに始まっています。その一つがファボラボ（FabLab）です。2000年前後にMITメディアラボのセンターのアウトリーチ活動として始まりました。各種デジタル工作機械を揃えた実験的な市民工房の国際ネットワークで、世界中で活動があります。日本では慶應義塾大学の田中浩也らが中心になっています。個人的に注目しています。本講のここでの記述も田中らとの議論に刺激されています。

メイカームーブメントと呼ばれる動きもあります。これは2010年にクリス・アンダーソンが提唱しました。そこでのキーワードは個人メイカーです。個人が大企業を超える製品を開発でき、誰でもがニッチなアイデアで起業できる時代となったことを主張して、それをメイカーズ革命と呼んでいます。モノの生産がロングテール化する時代であるともされています。

パーソナル化は最先端の技術として時代を切り拓く

このような動きは、技術の動きとしては次のように理解することができるでしょう。最先端の技術には二つの方向性があります。一つは産業技術の更なる高度化です。機能の向上が目標ですから、結果として高価になる可能性があります。製造機械としてみれば、それは大工場向きです。いま一つは、産業技術の小型化とパーソナル化です。それは個人向けに低価格に提供されることをめざします。

最先端の研究開発が目的とする技術は前者で、これに対して後者は個人向けですから技術的に簡単なように思えるかもしれません。そうではありません。むしろ後者の方が社会に与えるインパクトはかなりのものだと思っています。情報分野では1980年代にコンピュータのパーソナル化が進みました。それまで大型志向だったものが方向転換したのです。これは画期的でした。第1講と第2講で述べたように時代を大きく変えました。その後の情報の時代を切り拓きました。

●**メイカームーブメント**
クリス・アンダーソン著
関美和 訳
『MAKERS―21世紀の産業革命が始まる』
NHK出版 2012

パーソナル化が情報分野だけでなく、モノも含めて生活のすべてに関わるようになれば、時代はさらに変わります。大量生産された商品を金銭で買うのではなくて、必要なものを必要なだけ自分で作るようになれば、「もったいない」の気持ちが生まれます。使い終われば捨てずに作り変えるようになります。これは循環型のエコ社会につながります。

さらに個人で創意工夫した知を、ネットなどで公開すれば、それは共有財産になります。それにさらに創意工夫を加えていけば、知はますます進化します。共創の時代の到来です。この共創は地域社会を再生するかもしれません。創造的な生活を個人で営むには限界があります。それを地域で支えあうようになれば、新たな形の地域共同体が生まれる可能性があります。定年でリタイヤした高齢者がそれを支えるようになるかもしれません。これがソーシャルファブリケーションです。それによって地域における多様な人の出会いが生まれ、その共創によって知と技が世代を超えて伝承されるようになれば、すばらしい社会になっていきます。

単なる産業革命でなく生活者革命へ

そしてネットワークは、この共創のインフラとなります。もしかしたら、とりあえずは情報を対象として発達したインターネットは、このような時代の準備だったのかもしれません。インターネットは個人それぞれが創造的生活者となるためのインフラとなることによって、その本来の目的を果たすのかもしれません。

先に紹介したメイカームーブメントは、これを産業の立場から個人メイカーの時代ととらえ、第三の産業革命と名づけられました。でもそれでは、近代の単なる延長になってしまいます。面白くありません。近代を超える未来を扱う第三のシナリオにおいて、わざわざこれを話題にしたのは、ここにまさに近代

第三のシナリオ

情報技術によって
人が創造的生活者になる

▸近代は生産と消費の分業によって
人は受動的消費者になっている

生産をしない消費者は、自らの生活を
金銭でアウトソーシング（外注）
するようになった
（互いの助け合いもアウトソーシング）

▸これは本来の姿か　人はもともと
「創造的生活者」だったのではないか

自らの生活を創意工夫、
それをコミュニティで共有して、
互いに助け合って共創

▸この方向を支える情報技術がでてきた

コンピュータによるモノつくりのパーソナル
化（たとえば3Dプリンタ）
情報のパーソナル化が、モノも含めて
生活のすべてに関わるようになれば、
時代は変わる

▸単なる産業革命でなく、生活者革命へ

を超えるヒントがあると思ったからです。

僕はそれを「生活者革命」と名づけました。近代において完全管理されて受動的な消費者となった人類が、これによって次の時代にはその本来の姿を取り戻すことを期待しています。近代の終わりに登場した情報技術がそれを可能にするとしたら、それば素晴らしいことです。地球環境問題の本質的な解決は、このような生活者革命によってなされます。逆に言えば、それぞれの生活者が自分の生き方を改革しなければ解決しません。

これが個人的に期待する第三のシナリオです。その概要を前頁の図に示しておきました。

5——まとめ——人間復興によって新たなルネサンスへ

まとめに入ります。ここでは「情報の時代を見わたす」と題した本書の最終講として、人類の未来を情報技術の発展と関連付けながら展望しました。ここでは、前半では近代の延長としての未来、後半では近代の延長ではない異なる未来を考えました。

予測しやすいのは、前半のようにいまの延長として未来を考えることです。SF的な未来を夢見ることができます。もちろんいまの延長としての近未来もあります。たとえばビジネスの立場からは、とりあえずいまの延長としての未来へ向けて準備しておかないと、時代に取り残されるということもあるかもしれません。

でも個人的には、いまの延長、特に近代の延長としての未来は面白くありませんでした。一方で、後半でそれとは違う未来をどう構想するかは苦労しました。近代の終わりに登場した情報技術を、次の時代を準備する懸け橋にしたいとの思いで展望した未来は、その展開が少し強引だったかもしれません。むしろその話題を糸口にして、個人的にこうあってほしいという未来を勝手に夢想しただけだったのかもしれません。その夢想はまだまだ続きそうです。

その夢想を通して気づいたことがありました。僕がこの問題を考えるときにいつも頭にあったのは「人間復興」だったのです。次の時代に人間的な本来の姿を取り戻すにはどうしたらよいのか。それが僕の一貫した関心事でした。

ご存知のように「人間復興」は中世から近代へ移行するときのキーワードでした。中世を超える未来は、ルネサンスから始まりました。それは「人間復興」へ向けた新たな動きでした。近代を超える未来も、もし歴史がくり返すとしたら、「人間復興」の新たなルネサンスから始めることになるでしょう。

ルネサンスは、「文芸復興」として文化も花開いた時代でした。そのような時代がこれから来るとすれば、素晴らしいことです。もしかしたらその息吹はすでに始まっているのかもしれません。感性を豊かに働かせばそれが見えるのかもしれません。そのような未来を信じて本講義を終えたいと思います。お付き合いいただいてありがとうございました。

補講

そもそも情報とは何なのか——改めて考える

いまから50年近く前のことです。1970年代前半になりますが、個人的に人と人のコミュニケーションを情報理論の立場からどう説明するかに興味を持っていました。そのときに疑問に思っていたことがありました。情報理論では、情報の送り手と受け手が理想的なコミュニケーションをすることを前提として理論が組み立てられています。ところが人のコミュニケーションを観察していると、理論と明らかに矛盾していることが起きているのです。それは情報理論的にどう説明すればよいのか、考えたことがありました。残念ながら論文にはなりませんでした。

本書の第5講に記したように、インターネットが普及した情報の時代になって、コミュニケーションしても互いに通じないことが起きています。社会の分断も起きています。それはなぜなのでしょうか。改めて50年近く前に考えていたことを思い出しました。それをここに補講として追加しておきます。

情報理論では情報はどう定義されているか

まずは50年前に専門としていた情報理論の簡単な紹介です。

情報理論は1948年にアメリカの通信工学者であるクロード・シャノン（1916–2001）によって創設されました。その目的は情報を定量的に扱い、それを理想的な通信方式の設計に応用することです。そこでは情報伝達（通信）のコミュニケーションを図のようにモデル化しています。シャノンは、通信路に妨害（それを雑音と呼びます）があっても、情報の送り方と受け取り方（それぞれ送信器、受信器に相当します）を上手に設計すれば、より多くの情報を送り手から受け手に伝えることができることを示しました。

シャノンの情報理論の素晴らしいところは、コミュニケーションによって伝達される情報量なるものを定量的に扱ったことです。それは数学的にきちんと定義されていますが、わかりやすく説明すると次のようなものです。

情報において重要なのは、新規性です。すでに知っていること、あるいはいままでの知識から簡単に予測がつくことを新たに知っても情報は得られません。つまり情報量はゼロです。これに対して、予測できなかったことを新たに知ったときは多くの情報が得られます。情報量はどの程度予測ができなかったかに応じて定義されます。

●シャノンのコミュニケーションのモデル

情報伝達（通信）のモデルとして提案された

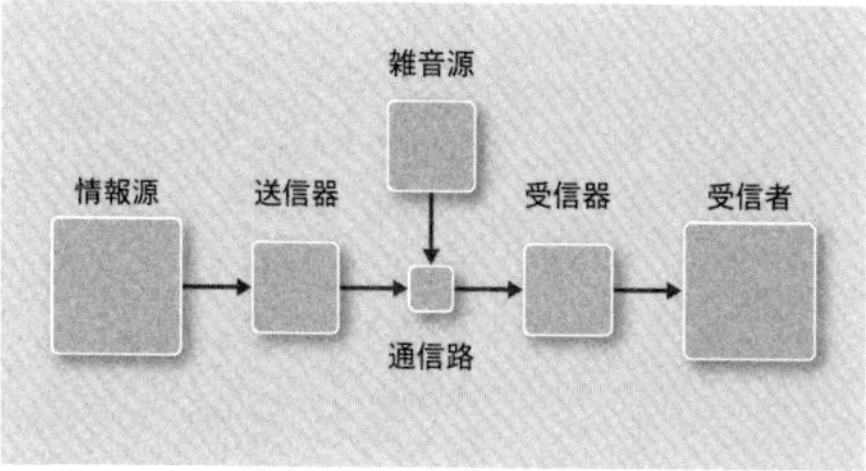

人の情報のやりとりは情報理論では説明できないかもしれない

このようなコミュニケーションならびに情報に関するシャノンの理論は、直観的にもなるほどと思えますが、あるとき本当にこれで人の情報行動を説明できるのかなと思うようになりました。シャノンのコミュニケーションモデルでは、送り手から受け手へ情報の流れは一方向ですが、人は対話をしますからコミュニケーションは図に示すように双方向です。

またシャノンの情報の定義では説明できない情報行動を人はしているような気がします。たとえば人は、道で近所の知り合いと出会ったときに挨拶します。

「どちらへ？」「ちょっとそこまで」

このやりとりによって得られる情報量はどの位でしょうか。「ちょっとそこまで」という答えは、もともと予想していたものです。その意味では情報量はゼロです。人はなぜこのような情報理論的には意味のないやりとりをするのでしょうか。

このような例もあります。人は独り言をよくつぶやきます。独り言をつぶやいても、その人にとっては新たに得られる情報量はゼロです。人はなぜそのようなことをするのでしょうか。さらには、同じ情報を受け取っても、人によってその解釈が全く違うことがありま

●対話型コミュニケーション
AとBは双方向に情報のやり取りをする

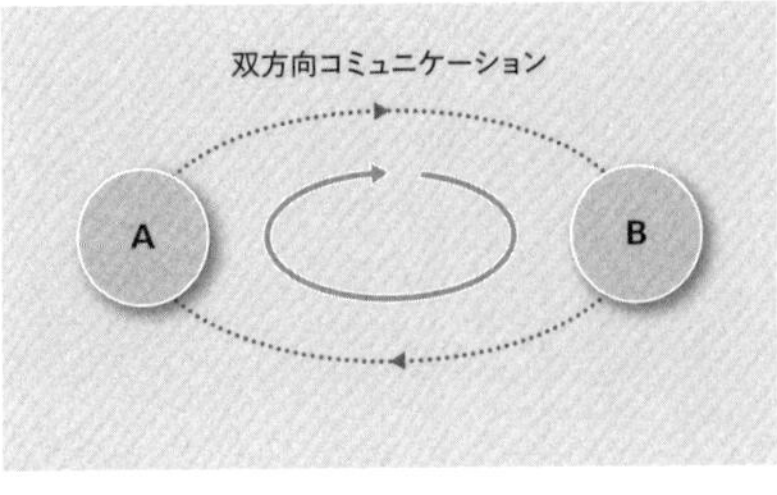

す。それはなぜなのでしょうか。どう説明すればよいのでしょうか。

忘れるということから人の情報行動を考えてみよう

もしかしたら、シャノンの情報理論が前提としていることが、人には適用できないのかもしれません。シャノンの理論では理想的な送り手と受け手が仮定されています。たとえば、受け手は一度受け取った情報は決して忘れません。それを前提に新たにつけ加えられた情報だけに意味があると考えます。きちんと設計された機械（コンピュータ）ならばそうかもしれません。しかし、人は本当にそうなのでしょうか。

少なくとも、「一度受け取った情報は忘れない」、そんなことは絶対にありません。むしろ、人は情報を忘れる生き物であると考えています。忘れることを前提とすると、人はどのような情報行動をとるでしょうか。

情報の再確認、関連づけ、意味づけ、構造化、そして再構築

まずは、すでに知っている情報も、忘れないようにときどきは思い出して反芻《はんすう》しなければなりません。いわば情報の再確認です。さらには、新たに得られた情報も、再確認が必要です。それがすでに知っている情報であるか。あるいはすでに知っている情報とどのような関係にあるのか。これはいわば情報の関連づけです。そしてその関連づけられた情報が自分にとって重要であるのかの意味づけを行います。

このような関連づけと意味づけは、少し固いことばを使うと、情報を構造化して、自分なりに情報を再構築することに他なりません。そしてこのようにして再構築された情報を新たな情報として記憶するのです。こうして記憶された情報は知識とも呼ばれます。

下の図はこのような情報の受容モデルを示したものです。これはドイツのハンス・マルコが1966年に提案したモデルを参考にして作成したもので、以下ではこれを情報受容の閉ループモデルと呼ぶことにします。このモデルは外に開かれた外ループ（行動の結果は情報として戻ってきます）と、脳の内側で情報を意識する内ループによって構成されています。普通に意識的に行動するときはこの二つのループが互いに関係しあいますが、単なる反射

●人の情報受容のモデル
人は再構築された情報を知識として記憶している

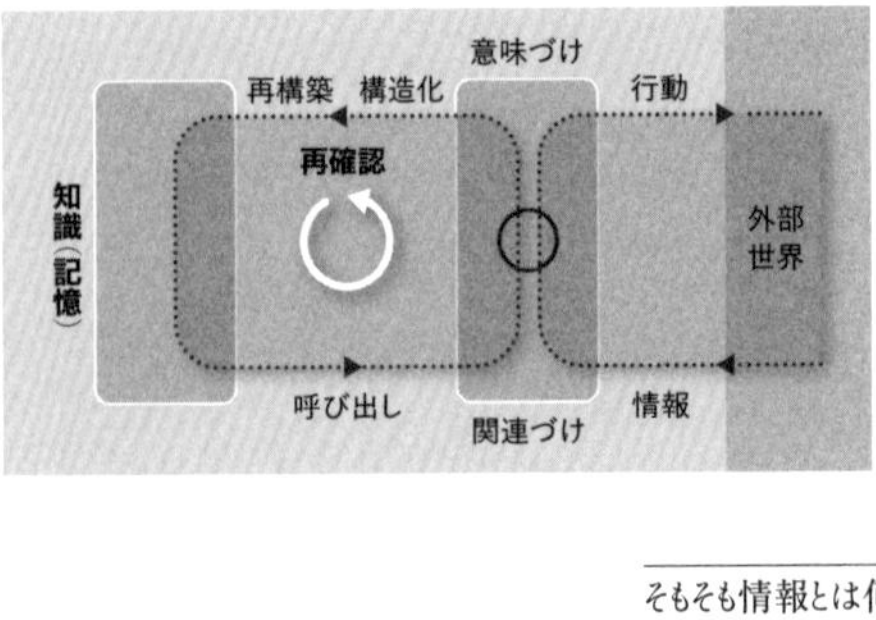

運動では外ループだけで、外部からの情報に対してそのまま反応します。これに対して夢を見ているときは、外部は関係なく内ループだけが働いて、それが夢のなかで意識されます。

自分との対話である独り言は大切な情報行動

ここで述べたように人は、つねに情報の再確認を繰り返し、これにあわせて情報の関連づけと情報の意味づけをおこなうことによって情報の再構築をくり返しています。このとき、言語（言葉や文章）が中心的な役割を果たしています。言語は、情報を記号化して、それらを関連づけたり、意味づけするときの有力な道具です。論理的な思考も可能となります。

言語は、情報を外に出して表現するときにも役立ちます。それを情報の外化といいます。たとえば何か考えごとをするときに文章でメモをとることがよくあります。それは思考の言語による外化です。そうすればメモを見ながら、つまりメモと対話しながら思考をすることができます。

必ずしもメモをとらなくても、ことばで発声するだけでも、自分と対話ができます。独り言は、発声をともなう言語による自分との対話です。対話することによって、情報を忘れないように反芻できるし、それを自らへの刺激として情報の関連づけ、意味づけ、すなわち情報の再構築ができるのです。

相手とはまずはつながりを確認するコミュニケーション

情報のやりとりは、自分だけでなく他人との間でもおこなわれます。コミュニケーション行動です。そこでもっとも大切なのはつながりの再確認です。人は、他人との間のつながりをいつも確認していないと不安になります。たとえば恋人同士が1時間の長電話をかけるとき、1時間も互いに知らない情報をやりとりしているはずがありません。そこでふたりは、相手が自分を愛しているというつながりを確認しているのです。さらには現代人はいつでもどこでもスマホ漬けになっています。スマホを持っているだけで相手とつながっている気になっているのかもしれません。

このように考えると、シャノンの情報理論の観点からは意味がない情報量ゼロの情報行動も理解できます。独り言も、情報を再構築するという意味で重要な情報行動ですし、近所の人と出会ったときのあいさつはつながりの再確認なのです。

もちろん人は新たな情報を得るためにコミュニケーションします。しかし人がコミュニケーションするときは、ほんとうに新たな情報をやりとりするために費やしている時間はそれほど多くありません。ほとんどの時間はつながりの確認、そしてそれぞれが持っている情報がしっかり共有されていることの確認に費やされています。それを前提に新たな情報のやりとりをおこなっているのです。

情報がダイナミックに循環して知の共創へ

このように互いに情報を確認しあうことによって、情報を共有するだけでなく、共同で新たな知を創出することも可能になります。共に創造するという意味で、これは共創と呼ばれます。これは上で述べたように、それぞれが情報の再構築をしながら情報を受け取っていることと関連しています。下の図は、AとBのふたりのそれぞれの情報受容モデルをつなげて、対話型の双方向コミュニケーションとしたものです。ここで示されているように、互いに刺激しあって、それぞれが自分の情報を再構築します。その再構築された情報を互いに交換して、さらに発展させます。このような対話によって、しだいにそれぞれの

●対話型コミュニケーションと情報受容のモデル
AとBは、双方向のコミュニケーション（対話）によって、それぞれの情報（知識）の再確認と再構築をおこない、互いの情報を共有している

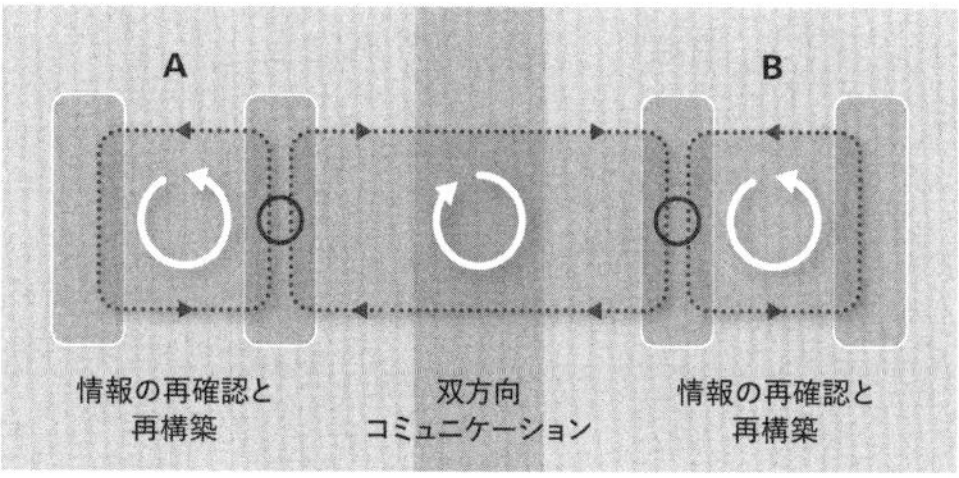

知が共創されていきます。

このように考えると、情報行動の本質は伝達ではなくて対話であり、情報の流れで言うと循環であることがわかります。決して人の情報行動はスタティック(静的)なものではないのです。よりダイナミック(動的)に、つねに循環しているのです。

さらにいえば、情報がダイナミックな循環であれば、循環させるために潤滑油が必要になります。それによって円滑なコミュニケーションが可能になります。潤滑油として、たとえばユーモアですが、ユーモアは情報伝達ということではほとんど意味がないかもしれません。ユーモアなしでもコミュニケーションできます。しかし、それはぎすぎすしたものになります。

人はコミュニケーションすることによって知能を形成してきた

ここでのテーマは人のコミュニケーションですが、人の知能形成もある程度これで説明できます。すなわち人の知能は、対話によってダイナミックに情報が循環することによって形成されてきたと考えるのです。対話には自分自身との対話も含みます。独り言のように声をだすこともありますが、頭のなかで自問自答することも対話です。そこでは言語が使われます。もしかしたら、言語は他人とのコミュニケーション手段としてよりも、自分とコミュニケーションするために必要なのかもしれません。いずれにせよ、人はコミュニケーションすることによって知能を形成してきました。

閉ループモデルの階層モデルへの拡張

このモデルをさらに拡張してみましょう。拡張するために、先に示した対話型コミュニケーションの閉ループモデルをコンパクトに記述することとします。それが下の図です。すなわち、対話するそれぞれ内部で情報が循環している内ループを小さなループ、互いにコミュニケーションするときの外側の情報の循環を大きなループで表すこととします。このように記述すると、ふたりの間の対話だけでなく、同じ集団に属する複数の構成員の間の情報のやりとり、すなわち集団のコミュニケーションは次頁右の図のように記述できます。

さらにはそれぞれの集団がさらに大きな集団を構成しているときは、次頁左の図のような階層型の閉ループモデルになります。これは社会における情報循環モデルとしても、生

●閉ループモデルの記述の簡単化

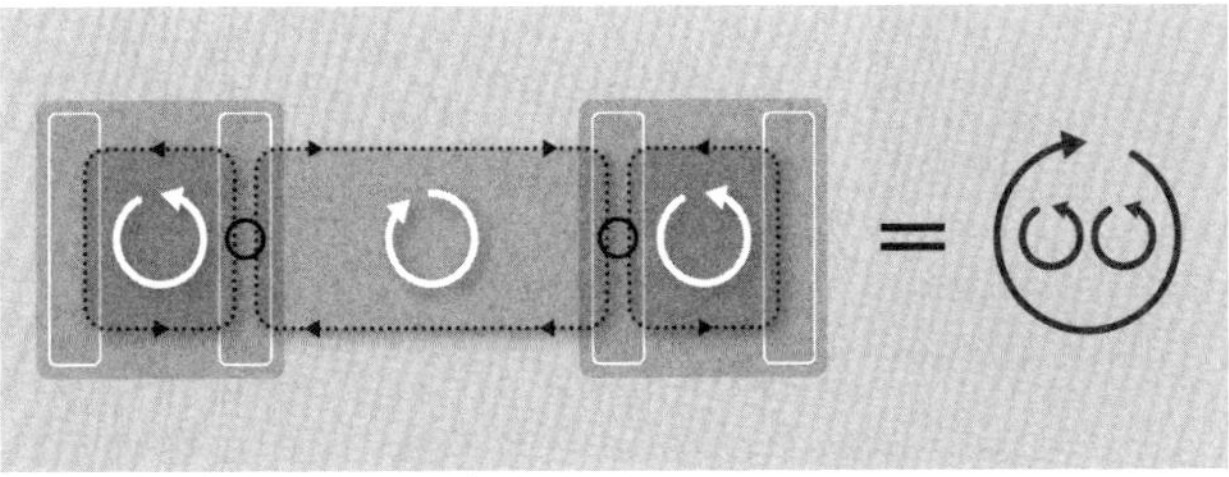

物における生体内部の情報循環モデルとしても適用できます。生体の情報システムは多くのサブシステムからなりたっています。それぞれにおいて情報が循環していると考えると、それは多重の階層モデルになります。人の脳内の情報処理をこのモデルで記述したことがありますが、ここでは省略します。

人の情報の受容は再帰的である

人の情報受容モデルとしての閉ループモデルには、もう一つ面白い性質があります。それはモデルが再帰的に構成されているということです。これだけではわからないと思うので、次のような例で説明しましょう。

人は実社会の一員です。それは次ページの下図の右上のような閉ループモデルで示されます。ところが人は、自分自身が社会の一員であることを、心のなかでも意識しています。それは言い換えれば、自分が一員である外側の社会のモデルのコピーを、自分の内側でも持っているということです。外側にあるのは実社会であり客観社会です。これに対して内側にあるのは心のなかに形成された主観社会です。

●集団コミュニケーション

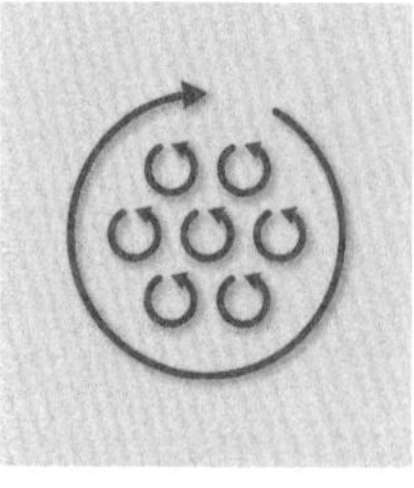

●階層型閉ループモデル

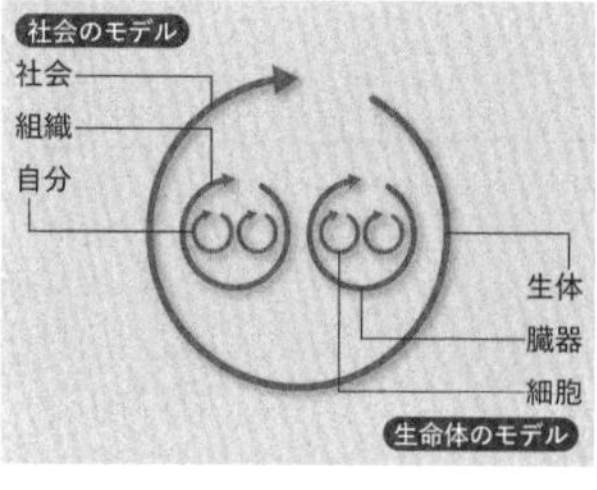

これは一般的に人が空間をどう認識しているかという問題と関係しています。人は、実空間（客観空間）をそのまま正しく知覚して認識しているわけではありません。知覚できる情報は空間のごく一部で、それに基づいてそれぞれの心のなかに独自の「主観空間」を形成して認識しているのです。

客観空間と主観空間のずれがさまざまな分断を生み出す

問題は客観空間と主観空間が同じでないことです。主観空間には制約があります。容量も限界があります。客観空間の一部しか含まれていません。さらに言えば主観空間は自分に心地よいように形成されます。そして人はその主観空間に基づいて、あたかもそれが客観空間であると勘違いして行動します。

こうして偏った主観空間が形成されると、新たに取り入れる情報も、それによって選別されます。主観空間に対して矛盾のない、自分にとって心地よい情報だけを取り入れるようになるのです。情報の時代の社会の分断はこのようにして起きます。分断はさまざまです。価値観（政治観、世界観）による分断もあれば世代間の分断もあります。分断は一体感

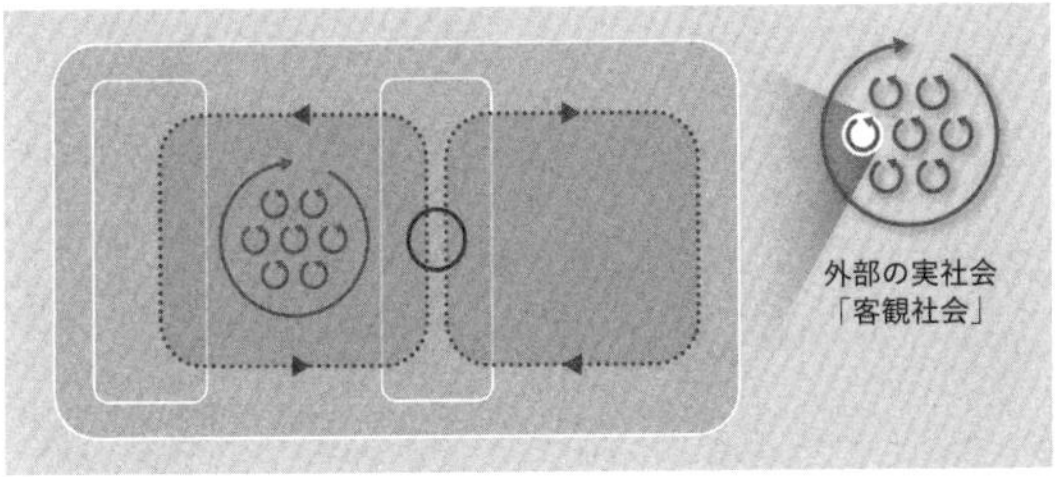

●情報受容の閉ループモデルの再帰的構造
外部の実社会が心の中に投影されて「主観社会」が形成されている

をなくして社会をおかしくします。

どうすればよいのでしょうか。自分にとって心地よい情報や自分の不満をそのまま代行している主張には、少し距離をおくことです。自分の考えに近い情報や主張を受け入れることは快適です。自分を肯定してくれるからです。これに対して、自分の考えを否定する主張は、本能的に遠ざけます。結果として、他の考え方ができなくなります。それは人の弱さですが、社会全体がそうなるとさまざまな問題が起こります。

とりあえずのまとめ

簡単なまとめに入ります。情報の時代になって、いま個人で処理できないビッグデータが溢れています。これからは人工知能（AI）が代わってそれを処理して、それぞれに対して便利な情報環境を提供してくれるかもしれません。それがビジネスにもなっています。

しかしそこには危険な罠がしかけられています。ここで示したように人の情報受容は理想的ではないからです。便利そうに見える情報社会は諸刃の剣です。これがとりあえずの結論です。

おわりに

本書の「あとがき」として何を記したらよいか迷いました。それは本書が全10巻の講義録シリーズの最初の巻であるからです。これからのことを思うと、とても「あとがき」を記す気持ちになれません。代わって異例かもしれませんが、本書に続く講義録シリーズの内容を紹介させていただきます。本書の巻末にそれぞれの巻の目次がありますので、必要に応じて参照しながらお読みいただければと思います。

この講義録シリーズは、僕にとって身近な「情報」の分野から始めました。それが本書の巻1『情報の時代を見わたす』です。その見わたす範囲は、ここ数十年のコンピュータの進化から始めたのですが、次第に広がって無謀にも人類の文明の歴史を俯瞰する形になってしまいました。その延長として、思い切って宇宙138億年の歴史のすべてを眺めてみたのが、次の巻2『宇宙138億年から学ぶ』です。その気が遠くなるほどの長い歴史に、いまという時代を位置づけることに挑戦しました。

そして実は思春期の時代からずっと気になっていたテーマを、この歳になって改めて扱うことにしたのが、巻3『哲学と宗教をいま一度』です。それは僕にとっては、まさに知の旅でした。自分自身を見つめる旅でもありました。自分の人生を俯瞰するきっかけともなって、その立場から設けたのが、次の巻4『生老病死と向き合う』です。いまの僕にとって老いは仕方がないとしても、病や死とどう付き合ったらよいかをテーマとしました。

巻5『科学技術のいまを問う』には、自分自身の人生の反省があります。僕は科学技術の研究者として生きてきましたが、いまその科学技術は地球環境問題をはじめとして大きな問題を抱えています。科学技術はもっと謙虚でなくてはいけないという気持ちがこの巻にあります。

後半の巻6『歴史から現代を視る』と巻7『改めて見つめる日本』は、現代という時代をもう一度見つめ直すことをテーマとしました。巻6が世界、巻7が日本をそれぞれ扱っています。個人的な見解ですが、いまは近代という時代の終わりであると思っています。

これからどのような時代となるのでしょうか。日本も含めて世界は、これまでのように軍事力や経済力でなく、文化力を競う時代になってほしいと思っています。このような願いを込めたのが、巻8『西の文化・東の文化』です。

こうして、この講義録シリーズでは、さまざまな分野を俯瞰しました。原島は分野をまたがる総合知や学際知にもともと関心がありました。その立場から新たな学術分野として顔学を提唱しました。それが巻9『ヒトの顔・人の顔』となっています。そして定年後の原島塾で追求したのが個人の知としての俯瞰知です。わずか十数年の試みですが、とりあえずの構想を巻10『俯瞰知への道・補遺』にまとめました。

俯瞰する知の旅は始まったばかりです。これからよろしくおつきあいいただければ幸いです。

2024年3月5日　原島　博

ま

ら

わ

た

な

は

さ

◉事項

あ

か

索引

◉人物名

●著者紹介

原島 博［はらしま・ひろし］東京大学名誉教授

2009年3月に東京大学を定年退職。東日本大震災直後の2011年6月から個人講演会として原島塾を毎月開催。人と人の間のコミュニケーションを支える情報工学を専門として、その一つとして顔学にも関心を持つ。科学と文化・芸術を融合した自分なりの新しい学問体系の構築を夢として、学際的な「ダ・ヴィンチ科学」へ向けた活動を進めた。文化庁メディア芸術祭の審査委員長・アート部門主査、グッドデザイン賞（Gマーク）審査委員などもつとめた。1945年の終戦の年に東京で生まれる。

主な編著書に、情報理論の教科書として『情報と符号の理論』（共著 岩波講座情報科学4 1983）、『信号解析教科書』（コロナ社 2018）、情報工学関連で『感性情報学』（監修 工作舎2004）、顔学関連で『顔学への招待』（岩波科学ライブラリー1998）、『顔の百科事典』（編集委員長 丸善出版 2015）などがある。

俯瞰する知　原島博講義録シリーズ

巻1◉情報の時代を見わたす

発行日——2024年4月30日
著者——原島 博
編集——田辺澄江＋塩澤陸
エディトリアル・デザイン——宮城安総
印刷・製本——シナノ印刷株式会社
発行者——岡田澄江
発行——工作舎　editorial corporation for human becoming
〒169-0072 東京都新宿区大久保2-4-12 新宿ラムダックスビル 12F
phone 03-5155-8940　fax 03-5155-8941
url : www.kousakusha.co.jp　e-mail : saturn@kousakusha.co.jp
ISBN978-4-87502-563-4

俯瞰する知

原島博講義録シリーズ【全10巻】

巻1▼情報の時代を見わたす

情報の時代はいかにして到来したのか／コンピュータの過去・現在・未来を10年単位で俯瞰する／コミュニケーション技術の進化を100年単位で俯瞰する／情報文明を1000年単位で歴史に位置づける／情報社会は本当に人を幸せにするのか／情報技術の発展と人類の未来を展望する／そもそも情報とは何なのか——改めて考える

巻2▼宇宙138億年から学ぶ

まずは宇宙誕生からの138億年の通史／宇宙は無からどのようにして誕生したのか／地球環境のもとでの生物の進化を追う／直立歩行からの人類の歩みを振り返る／農耕開始以来の文明の歴史を復習する／近代からその先へ——成長と拡大の時代は終わった／人類の未来——滅亡は避けられるのか

巻3▼哲学と宗教をいま一度

人は知をいかに営んできたのか／西洋哲学をソクラテスからサンデルまで垣間見る／中国の諸子百家の思想はどう展開されてきたのか／無の思想を中心にインド哲学と仏教の世界を垣間見る／人はなぜ宗教を信ずるのか　その営みを垣間見る／日本思想の系譜　それはいかに展開されてきたのか

巻4▼生老病死と向き合う

そもそも人はどのような一生を送っているのか／人の子はいかにして大人になるのか／恋する男と女の不思議な関係／社会にあって生きる。個人として生きる／人はどう生きているのか。何を生きがいとしているのか／人はなぜ老いるのか。老いてから何をするのか／人はなぜ病むのか。病いとどう付き合えばよいのか／人はなぜ死ぬのか。死とどう向き合えばよいのか

巻5▼科学技術のいまを問う

知と技の歴史を振り返る——まずは19世紀までの歴史／知と技の歴史を振り返る——それは20世紀に変容した／科学の知を再考する——それは人のいかなる知の営みなのか／工学の知を再考する——創造の知としての新たな展開／人は自らをどこまで改造して良いのか／人は科学技術とどうつきあったらよいのか／研究という営みを解剖する——研究者であること、人間であること／社会とともにある科学技術を推進するオープンスパイラルモデル

巻6▼歴史から現代を視る

アメリカの盛衰——いま何が起きているのか／分断の時代に民主主義とは何かを考える／覇権の世界史——盛者必衰の帝国の歴史を探る／歴史はくり返すのか——長い19世紀と長い20世紀／近代という時代の終わりにこれからの21世紀を考える／ほとんど知らない中東とイスラームの世界を覗く／ほとんど知らなかったロシアの国と歴史

巻7▼改めて見つめる日本

戦後日本を振り返り、現代の課題を探る／崩壊しつつある家族という難題を考える／これからのコミュニティのありかたを考える／これからの日本と未来社会のデザイン／文化をキーワードに日本の歴史を紐解く／近代の日本の歴史と文化／起承転結の歴史を日本の未来へつなぐ

巻8▼西の文化・東の文化

西洋の美術を覗く——顔を中心に西洋美術史を概観する／日本の美術を覗く——みやび、かび、わび、あそびの文化／西洋の音楽を覗く——顔からクラシック音楽史を探る／日本の音楽を覗く——身近なはずの邦楽の世界を紐解く／西と東の歴史と文化——何が似ていて何が違うのか／東の日本の文化を改めて考える／文化とは何なのだろうか——ささやかな私論

巻9▼ヒトの顔・人の顔

顔とは何か——なぜヒトに顔があるのか／顔学は百学連環——俯瞰知としての展開／顔が似るということ——似顔絵から顔の秘密を探る／美女と美男のイメージ——時代とともにどう変わってきたのか／メディアとしての顔——匿顔の時代がやってきた／笑う顔には福来る——笑顔の秘密とその力／いい顔とは何か——そのつくり方

巻10▼俯瞰知への道・補遺

改めて知を再考する1——デカルトの知をどうのりこえるか／改めて知を再考する2——創造の知へ向けて／俯瞰知の試み——なぜ俯瞰が大切なのか／原島個人にとっての俯瞰、そして原島塾／私家版「知の技法」——いかに発想して発信するか／大震災から十余年、個人的に思うこと／コロナの時代に考えたこと、学んだこと／超ミクロ探検の歴史——標準模型へと至る素粒子物理